LA BIBLE DARBY ET SON HISTOIRE

LA BIBLE
DARBY
ET SON HISTOIRE

Sa rédaction, ses objectifs
et ses principes

GILLES DESPINS

La Bible Darby et son histoire : sa rédaction, ses objectifs et ses principes
© 2019 Publications Chrétiennes, Inc.
Publié par Éditions Impact
230, rue Lupien, Trois-Rivières (Québec)
G8T 6W4 – Canada
Site Web : www.editionsimpact.org
Tous droits de traduction, de reproduction et d'adaptation réservés.

ISBN : 978-2-89082-346-4

Dépôt légal – 2ᵉ trimestre 2019
Bibliothèque et Archives nationales du Québec
Bibliothèque et Archives Canada

« Éditions Impact » est une marque déposée de Publications Chrétiennes, Inc.

Ce livre a été publié avec l'aide de Bibles et Publications Chrétiennes (Valence).

John Nelson Darby
(1800-1882)

© Bibliothèque publique et universitaire, Neuchâtel, Suisse

TABLE DES MATIÈRES

Remerciements 11
Préface 13

1. Introduction 15
2. L'historique du travail de traduction de Darby 19
   2.1 Introduction 19
   2.2 L'insatisfaction de Darby concernant les
        traductions bibliques de son époque 28
        2.2.1 L'insatisfaction de Darby concernant les
               traductions allemandes 28
        2.2.2 L'insatisfaction de Darby concernant les
               traductions françaises 30
        2.2.3 L'insatisfaction de Darby concernant les
               traductions anglaises 33
        2.2.4 Résumé 36
   2.3 Les collaborateurs de Darby pour la traduction 36
        2.3.1 Les collaborateurs de Darby pour la
               version allemande 37

	2.3.2	Les collaborateurs de Darby pour la version française 40
	2.3.3	Les collaborateurs de Darby pour la version anglaise 45
2.4	L'histoire des traductions de la Bible faites par Darby 49	
	2.4.1	L'histoire de la version Darby en allemand 49
	2.4.2	L'histoire de la version Darby en français 61
	2.4.3	L'histoire de la version Darby en anglais 76
	2.4.4	L'histoire de quelques traductions basées sur les versions Darby 87
		2.4.4.1 L'histoire de la version néerlandaise 88
		2.4.4.2 L'histoire de la version italienne 92
		2.4.4.3 L'histoire de la version suédoise 97
2.5	Conclusion 99	

3. Les objectifs du travail de traduction de Darby 101
   - 3.1 Introduction 101
   - 3.2 Les objectifs de Darby pour la traduction allemande 104
   - 3.3 Les objectifs de Darby pour la traduction française 110
   - 3.4 Les objectifs de Darby pour la traduction anglaise 113
   - 3.5 Les objectifs de Darby pour la traduction en d'autres langues 118
   - 3.6 Conclusion 120

4. Les principes qui sous-tendent le travail de traduction de Darby 121
   - 4.1 Introduction 121
   - 4.2 Sa compréhension de la doctrine biblique de l'inspiration 122

4.3 Le point de vue critique de Darby sur d'autres traductions bibliques.. 129
    4.3.1 Le point de vue critique de Darby sur la théorie de la traduction 129
    4.3.2 Le point de vue critique de Darby sur la question de la critique textuelle.................... 132
4.4 Les principes de traduction de Darby....................... 134
    4.4.1 Les principes de traduction de Darby selon différents auteurs................................. 134
    4.4.2 Les principes de traduction de Darby 138
        4.4.2.1 La théorie de la traduction................. 138
            a) La traduction des mots.................... 143
            b) La grammaire et la syntaxe dans la traduction 147
        4.4.2.2 Le travail de critique textuelle............. 150
            a) Comparaison entre les principaux textes grecs................... 151
            b) Son travail de critique textuelle des manuscrits............................... 153
            c) Darby abandonne le Texte Reçu...... 155
            d) Comparaison des textes et étude d'autres sources 158
    4.4.3 Les points de vue doctrinaux 161
4.5 La dynamique et les méthodes de traduction de Darby.. 167
    4.5.1 Le travail d'équipe dans la révision et la correction des épreuves 167
    4.5.2 Les livres consultés.. 169
    4.5.3 La gestion de l'emploi du temps 170
    4.5.4 L'évaluation finale du travail............................ 170
4.6 Conclusion 172

5. Le texte grec utilisé par Darby.. 175
    5.1 Introduction.. 175

5.2 Sa connaissance des langues originales de la Bible 178
5.3 Darby abandonne le *Texte Reçu* 183
5.4 L'interaction de Darby avec les manuscrits et
autres sources 187

Conclusion 199
Bibliographie 203

REMERCIEMENTS

Je tiens à remercier chacune des personnes suivantes pour leur collaboration particulière au développement de cet ouvrage (en ordre alphabétique) : Christian Aeberli, Martin Arhelger, Rob Bradshaw, Pierre-Henri Chevalley, Ian Deighan, Neil Dickson, Normand Gagné, Paul et Gisèle Gaufrès, Samuel Gutknecht, Emma ten Haaken, K. Martin Heide, Arthur Hodgett, Les Hodgett, Steve Huebner, Frank Jabini, Carl Johnson, Graham Johnson, John Kaiser, Pierre Koechlin, Peter Larribau, Serge Liachenko, Roger Liebi, Peter Lineham, Samuel Mcbride, Willem Ouweneel, Benedikt Peters, Judith Powles, Arend Remmers, Mark Schibli, David C. Smith, Timothy Stunt, Neil Summerton, Russel Sutherland, Peter Trevvett, Douglas Virgint, et Ruth Ward.

PRÉFACE

John Nelson Darby a beaucoup contribué au développement du christianisme au XIXe siècle, et son influence continue à se faire ressentir dans le monde évangélique d'aujourd'hui. Plusieurs auteurs ont écrit des livres ou des articles sur sa vie, son enseignement et sa compréhension des vérités bibliques. Certains l'ont fait pour souligner leur appréciation de son œuvre, tandis que d'autres ont plutôt exprimé leur mécontentement à son égard.

S'il y a un aspect, cependant, de la vie de Darby qui n'a pas été suffisamment reconnu, c'est son travail de traduction. William Carey, pour ne nommer que celui-là, a travaillé à traduire la Bible dans de nouvelles langues. Ses traductions ont permis à plusieurs peuples d'avoir accès à la Parole de Dieu dans leur langue pour la toute première fois. Darby, de son côté, s'est penché sur des langues qui possédaient déjà une traduction de la Bible. Toutefois, il ne cherchait pas à reproduire le travail des autres, mais à donner au peuple de Dieu une traduction aussi précise que possible afin de leur permettre d'étudier les Saintes Écritures. Ainsi, avec l'aide de ses précieux collaborateurs, il a traduit la Bible en allemand, en français et en anglais. Son travail a ensuite servi de base pour d'autres traductions en hollandais, en italien et en suédois. Certains Frères du XIXe siècle ont même utilisé les traductions de Darby comme guide pour traduire la Bible dans d'autres langues.

À la lumière de ces faits, nous sommes en droit de nous demander ce qui pouvait bien rendre la traduction de Darby si unique. Dans ce livre, Gilles Despins retrace l'histoire, les objectifs et les principes de rédaction des différentes traductions de la Bible faites par John Nelson Darby. Il présente ainsi les résultats d'une longue recherche détaillée qui s'est étendue à travers plusieurs pays du monde.

Franklin Jabini, Ph. D.
Professeur des études interculturelles au Emmaus Bible College

CHAPITRE 1

INTRODUCTION

John Nelson Darby est né le 18 novembre 1800 à Westminster. L'un de ses biographes écrit :

> « Ce mercredi matin, Mme Darby, demeurant sur la rue Great George à Westminster, a donné naissance à un garçon. » Tel était le bref avis, publié en bas à droite d'une page dans le *London Times*, en novembre 1800. Né le 18 novembre 1800, John Nelson Darby est le sixième garçon et le huitième enfant de Mme Darby[1].

Plus tard, Darby entreprend des études au Trinity College de Dublin, et il est reçu au Barreau d'Irlande en 1822. Sa carrière en droit est toutefois de courte durée. Une note manuscrite, dans la marge de son Nouveau Testament grec en quatre volumes, indique, à côté de 2 Timothée 3, qu'il s'est converti aux alentours

---

1. Max S. Weremchuk, *John Nelson Darby*, Neptune, N. J., Loizeaux Brothers, 1992, p. 19. Max Weremchuk apportera plus tard la correction suivante au sujet de cette déclaration : « Nous trouvons ici l'une des nombreuses divergences qui surgissent dans la vie de John Nelson Darby : le 18 novembre 1800 était un mardi, pas un mercredi » (voir < http://www.mybrethren.org/bios/frammax1.htm >). Cette mise au point démontre bien la difficulté que l'on rencontre de nos jours pour obtenir des informations précises sur Darby.

de 1820 ou 1821[2]. C'est probablement en 1824 qu'il renonce à sa carrière d'avocat et est ordonné diacre dans l'Église anglicane. Ce changement de carrière amène son père à le déshériter. Cependant, alors que son père est sur son lit de mort, tous deux se réconcilient[3]. En 1826 ou 1827, Darby est grièvement blessé lors d'une chute de cheval au cours de laquelle il heurte violemment le montant d'une porte : « Pendant sa convalescence, il se met sérieusement à l'étude et à la méditation de la Parole de Dieu[4]. » Darby devient alors un érudit extrêmement doué. William Kelly a écrit à son sujet :

> En fait, c'est un étudiant assidu, doté d'un esprit analytique et critique, non seulement envers les textes originaux hébreux et grecs, mais aussi envers les anciennes versions et tout document valable portant sur la révélation ; il est également versé dans l'histoire de l'Église[5].

C'est précisément à ce moment-là que Darby découvre l'importance de certaines doctrines spécifiques de la Bible. Parmi celles-ci, se trouve la doctrine de l'Église, affirmant que le Corps spirituel de Christ se compose de tous les croyants individuels. Il en tire la conclusion que l'Église doit être séparée de l'État, ce qui l'amène à quitter l'Église d'Irlande. De l'aveu de Darby, le Saint-Esprit était au même moment à l'œuvre chez d'autres croyants :

> Quatre hommes[6] qui se trouvaient dans le même état d'esprit que moi sont venus chez moi. Nous avons discuté de ces sujets et je leur

---

2. Voir Weremchuk, *John Nelson Darby*, p. 204.

3. *Ibid.*, p. 38.

4. Sunny Ezhumattoor, *John Nelson Darby*, Dallas, Tex., 2005, < http://www.thekkel.com > (page consultée le 17 décembre 2011).

5. Weremchuk, *John Nelson Darby*, p. 204.

6. Edward Cronin, Francis Hutchinson, John Gifford Bellett et un certain M. *[Henry ?]* Brooke.

ai proposé de prendre ensemble le repas du Seigneur le dimanche suivant, ce que nous avons fait[7].

Le mouvement des Frères venait de naître. Darby est devenu par la suite un écrivain très prolifique. L'ensemble de son œuvre est abondant et couvre des sujets comme la prophétie, l'apologétique, l'évangélisation, l'ecclésiologie, la vie chrétienne en action, la doctrine et la critique[8]. En outre, il a à son actif plus de mille lettres personnelles et publiques, et des centaines de « notes et remarques » de toutes sortes.

Darby montre aussi un grand intérêt pour la traduction de la Bible. En effet, il l'a personnellement traduite en allemand, en français et en anglais. Marion Field, l'une des biographes de Darby, mentionne que l'épitaphe de ce dernier se lit comme suit : « John Nelson Darby, à la fois inconnu et bien connu[9]. » Cela s'applique admirablement à son travail de traduction. Pour certains aujourd'hui, Darby n'est que le fondateur d'un mouvement connu sous le nom des Frères de Plymouth, une personne dont le nom n'évoque que sévérité, division, séparation et dissidence. Malheureusement, l'idée qu'on s'en fait ne rend pas justice à l'homme qu'il était ; on oublie son énorme contribution aux domaines de la traduction et de l'étude biblique. C'est pourquoi cet ouvrage cherche à établir quels sont les faits historiques entourant son travail de traduction, ainsi que les buts et les principes qui le sous-tendent.

---

7. Weremchuk, *John Nelson Darby*, p. 71.

8. Son ami de longue date, William Kelly, a réuni tous les écrits de Darby pour en constituer une collection impressionnante de 47 volumes.

9. Marion Field, *John Nelson Darby: Prophetic Pioneer* [John Nelson Darby : pionnier prophétique], trad. libre, Godalming, Royaume-Uni, Highland Books, 2008, p. 209.

CHAPITRE 2

L'HISTORIQUE DU TRAVAIL DE TRADUCTION DE DARBY

2.1 Introduction

Arnold D. Ehlert, éditeur d'un magazine biblique, écrit :

> Je doute qu'il existe un autre homme dont le nom puisse être rattaché au domaine de la traduction de la Bible (en trois langues) et du Nouveau Testament (en deux autres langues), et dont les versions soient encore aujourd'hui publiées ! Selon moi, à part John Nelson Darby, il n'y en a pas d'autre[1].

Depuis plus de cent soixante ans déjà, le nom de John Nelson Darby est associé au travail de traduction de la Bible, bien qu'il ait lui-même toujours refusé d'y apposer son nom. Sa première édition du Nouveau Testament en allemand remonte à avril 1855. Plus précisément, nous devons encore remonter d'une quinzaine

---

1. Arnold D. Ehlert, *The Bible Collector* [Le collectionneur de Bible], trad. libre, El Cajon, Calif., The International Society of Bible Collectors, 1967, vol. 10, p. 3.

d'années (entre 1837 et 1845) pour marquer le début de son intérêt pour la traduction de la Bible. Ceci peut être établi à partir d'une note manuscrite servant de plan de travail pour une édition du Nouveau Testament. En effet, son nom est inscrit à côté du livre de l'Apocalypse[2].

Cette note contient deux éléments importants qui nécessitent des précisions. Le premier élément souligne le fait que le nom de Newton y apparaît à deux reprises : d'abord près de l'épître aux Romains, puis à côté du livre de l'Apocalypse avec celui de Darby. Benjamin Wills Newton était, avec Darby, l'un des premiers leaders du mouvement des Frères de Plymouth. Cependant, leur association cessa vers le milieu des années 1840, en particulier à cause de divergences doctrinales[3]. Le second élément concerne les mots *Writer in the Witness* (Auteur dans le Témoin), écrits à côté de l'épître aux Corinthiens. Ils pourraient bien se rapporter à un article publié en 1837 dans le volume 4 de la série *The Christian Witness*[4]. Ainsi, à partir de ces deux éléments, il semble raisonnable de supposer que ce plan de travail ait été écrit entre

---

2. Cette note est tirée de *Papers of John Nelson Darby Collection* [La collection des articles de John Nelson Darby], trad. libre, qui se trouve aux Archives sur le mouvement des Frères à l'Université de Manchester (The Christian Brethren Archives at the University of Manchester) au Royaume-Uni.

3. Gustav Ischebeck écrit :
> En 1842, Newton avait fait un commentaire sur l'Apocalypse que Darby avait âprement critiqué, depuis la Suisse. Tous deux étaient des futuristes, c'est-à-dire qu'à leur avis les parties principales de l'Apocalypse ont trait à l'avenir et concernent les temps de la fin. Tous deux affirmaient qu'une grande tribulation, sans précédent, surviendrait immédiatement avant la manifestation en gloire du Fils de l'homme. Mais tandis que l'opinion de Newton était que les croyants seraient sur la terre pendant la tribulation, Darby enseignait que les croyants seraient enlevés, sans qu'on s'en aperçut, peu de temps avant le déchaînement de la tribulation (Gustav Ischebeck, *John Nelson Darby, son temps et son œuvre*, Lausanne, Suisse, Éditions Vie & Liberté, 1937, p. 74).

4. *The Christian Witness* [Le témoin chrétien], trad. libre, est l'un des premiers magazines des Frères, édité de 1834 à 1841, < http://www.martinarhelger.de/brethrenmagazines.htm > (page consultée le 7 avril 2014). L'article en question est intitulé *Some considerations on the two epistles to the Corinthians* [Quelques pensées sur les deux épîtres aux Corinthiens], trad. libre.

1837 et 1845. Cela démontre clairement que Darby avait à cette époque un intérêt pour la traduction de la Bible.

En 1844-1845, Darby connaissait déjà plusieurs versions de la Bible traduites en différentes langues et utilisées à son époque. Critiquant un commentaire fait par Newton dans un article sur l'Apocalypse, Darby déclare qu'il n'est en aucune manière soutenu par les traductions anglaise, allemande ou française[5]. Soit dit en passant, Darby traduira plus tard la Bible en ces trois langues.

Il semble bien que sa connaissance de la langue française lui ait permis alors de faire la critique de la première édition française (1839) du Nouveau Testament de Lausanne. Par exemple, il dit au sujet de Romains 8.33,34 : « Je ferai remarquer que, dans son ensemble, la traduction de Lausanne est fidèle au texte grec de l'épître, quoiqu'elle ait abîmé ces versets par une expression maladroite[6]. » Toutefois, cela n'empêchera pas Darby de collaborer à la deuxième version de Lausanne, qui a nécessité onze sessions de travail, échelonnées du 19 août 1845 au 22 mars 1847[7]. Il est intéressant de noter, qu'entre le 1er novembre 1845 et le 9 décembre 1846, Darby a écrit quatre lettres à un certain « B. R. » au sujet de son travail dans le projet de la traduction de Lausanne[8]. Dans l'une de ses lettres, Darby confirme l'affirmation

---

5. John Nelson Darby, « *Thoughts on the Apocalypse* » [Pensées sur l'Apocalypse], dans *The Collected Writings of John Nelson Darby* [La collection des écrits de John Nelson Darby], trad. libre, William Kelly, éd., Jackson, N. J., Present Truth Publishers, édition électronique, vol. 8, p. 6.

6. *Ibid.*, vol. 24, p. 76.

7. Louis Burnier, *La Version du Nouveau Testament dite de Lausanne, son histoire et ses critiques*, Lausanne, Suisse, Georges Bridel Éditeur, 1866, p. 37.

8. *Le Messager Évangélique*, Chailly-Montreux, Suisse, Éditions Bibles et Littérature Chrétienne, 1896, p. 297-299, 335, 355-357, 399-400. Les initiales « B. R. » pourraient être celles de Benjamin Rossier (1803-1885). Dans son livre portant sur l'histoire de la version de Lausanne, Louis Burnier écrit :
> Plusieurs amis de notre œuvre […] prirent la peine de nous envoyer bon nombre de notes critiques. Ce furent MM. Demole, Durand, Dumont, Berthoud [peut-être s'agit-il de Pierre Schlumberger, dont l'épouse avait pour nom de famille Berthoud], Faure, Benjamin Rossier, Darby […] ces notes avaient été provoquées par un avis qui

de Burnier selon laquelle il était l'un de ceux qui avaient envoyé des notes critiques au comité de révision[9].

Or, Darby a souvent évoqué dans ses lettres ses nombreux voyages en Irlande et en France, ses problèmes de santé « et autres choses du même genre » pour expliquer son indisponibilité pour accomplir le travail de traduction[10]. Il a aussi dit à deux reprises qu'il avait dû travailler loin de chez lui sans ses livres d'étude et de références[11]. Ces circonstances de sa vie l'ont amené à penser, qu'à partir d'août 1846, il avait pris du retard dans son travail et négligé ses responsabilités envers le comité de traduction. Par ailleurs, le « système » adopté par le comité de traduction commençait aussi à lui peser et à semer le doute dans son esprit sur l'utilité de ses propres notes[12]. En effet, dès le début de sa collaboration avec le comité de la version de Lausanne, Darby a l'impression d'être « sous-employé » et de devoir se soumettre aux autres dans tous les aspects de son travail. Pourtant, le désir profond de Darby était simplement de faire une œuvre utile en donnant à l'Église francophone une version précise – et attendue – de la Bible. Finalement, il a montré combien il était important de

---

parut dans le journal *La Réformation au XIXᵉ siècle* (Burnier, *La Version du Nouveau Testament dite de Lausanne*, p. 37).

Rossier et Darby étaient clairement impliqués dans le processus de traduction de la version de Lausanne. En outre, l'éditeur du *Messager Évangélique*, en 1896, l'année de la publication des quatre lettres mentionnées plus haut, était Henri Rossier, le quatrième fils de Benjamin Rossier. Dans deux des quatre lettres, Henri Rossier avait ajouté une note soulignant que Darby se référait à la version de Lausanne. Il n'est donc pas irréaliste de penser qu'Henri Rossier tenait ses renseignements de son père. L'ensemble des données recueillies permet donc d'affirmer que les initiales « B. R. » sont probablement celles de Benjamin Rossier.

9. *Le Messager Évangélique*, 1896, p. 355. Darby a dit qu'il s'était servi de « livres » pour rédiger ses notes. Nous pouvons supposer que ces dernières s'appuyaient sur le texte grec du Nouveau Testament.

10. *Ibid.*, p. 399.

11. *Ibid.*, p. 297, 400.

12. Pour le récit complet du travail de traduction de la version de Lausanne, voir Burnier, *La Version du Nouveau Testament dite de Lausanne*, *op. cit.*

s'engager sérieusement et intensément dans le travail de traduction. Il a donc hésité avant d'envoyer ses notes au comité, parce qu'il n'était pas en mesure de consacrer tout le temps et l'effort nécessaires pour accomplir son travail. Il est clair que Darby considérait déjà le travail de traduction comme quelque chose d'extrêmement important ; une noble tâche !

Selon Louis Burnier, c'est grâce à l'expérience acquise lors de la traduction de la version de Lausanne que Darby a pu mettre en œuvre par la suite ses propres traductions. Il écrit :

> La nouvelle version de Lausanne, déjà un peu vieille, a vu naître quatre traductions et trois livraisons d'une cinquième : celle de M. Matter, ou plutôt de la *Société anglicane pour la propagation de la foi* (en 1842), de M. Arnaud (1858), de M. Darby (1859), de M. Rilliet (1860), et de M. Et. Coquerel (1864 et 1865). Tous, ou du moins les quatre derniers, ont pu s'approprier notre travail selon leurs convenances, comme nous ne manquerions pas de profiter du leur dans une édition postérieure[13].

De toute évidence, Darby a tiré profit de l'expérience acquise durant la révision de la deuxième édition de la version de Lausanne, publiée en 1849. Cette collaboration a indéniablement ouvert la porte à son service dans ce domaine, un travail qui s'est échelonné sur plus de trente-cinq ans, soit de 1845 à 1882, l'année de sa mort. Ainsi, Darby a passé une grande partie de la seconde moitié de sa vie à travailler sur la traduction de la Bible ; un travail auquel il a consacré beaucoup de temps et d'efforts. Dans une lettre datée du 21 octobre, écrite de Ventnor, six mois avant sa mort, Darby dit à P. Gibbs[14] :

---

13. *Ibid.*, p. 128.

14. Presque tous les destinataires des lettres de Darby ont été identifiés à l'aide du livre de L. J. L. Hodgett, *The correspondents of John Nelson Darby, with a geographical index and a chart of his travels through his life* [Les correspondants de John Nelson Darby, incluant un index géographique et un tableau de ses voyages durant sa vie], trad. libre, Ramsgate, Royaume-Uni, L. J. L. Hodgett, 1995.

Le temps est venu de vous écrire. Et si je ne l'ai pas fait avant, ce n'est pas parce que le désir me manquait. J'étais tellement fatigué que toute l'énergie dont je disposais a été utilisée au travail laborieux de traduction de la version française de l'Ancien Testament et de celle du Nouveau Testament en anglais[15].

Puis, deux mois plus tard, le 15 décembre, il écrit à Pierre Schlumberger (un collaborateur de longue date dans la traduction de la version française) pour lui dire qu'il continuerait de travailler sur la préface et les notes de la traduction française[16]. Darby avait 81 ans.

Quand on considère que Darby a consacré au moins trente-cinq ans de sa vie à la traduction de la Bible, on s'étonne qu'aucun livre n'ait été écrit jusqu'à ce jour pour étudier cet aspect de son service. Bien que plusieurs livres et articles abordent le rôle catalyseur de Darby dans les problèmes et les controverses entourant les divisions chez les Frères, aucun ne relate en profondeur son travail de traduction. En effet, dans les quelques biographies qui ont été publiées jusqu'à ce jour, peu de pages sont consacrées à ce travail de traduction, qui a pourtant occupé presque la moitié de sa vie[17].

L'extrême rareté des ouvrages décrivant le travail de traduction de Darby rend la collection de données particulièrement difficile sur des sujets comme les faits historiques, les buts et les principes,

---

15. John Nelson Darby, *Letters of J. N. D.* [Lettres de J. N. D.], trad. libre, Kingston-on-Thames, Royaume-Uni, Stow Hill Bible Tract and Depot, 1970, vol. 3, p. 188.

16. *Le Messager Évangélique*, 1903, p. 317.

17. Marion Field (*John Nelson Darby: Prophetic Pioneer*) consacre l'intégralité du chapitre 9 de son livre aux écrits de Darby, dont dix pages couvrent les écrits généraux et cinq le travail de traduction. En plus d'un court paragraphe aux pages 91-92, W. G. Turner (*Unknown and Well Known: A Biography of John Nelson Darby* [Inconnu et bien connu : une biographie de John Nelson Darby], trad. libre, Londres, Royaume-Uni, Chapter Two, 2006) propose un appendice (qui est en fait la préface de Darby à sa version anglaise) de dix pages sur le travail de traduction de Darby. Weremchuk (*John Nelson Darby*), quant à lui, discute brièvement du travail de traduction de Darby (deux pages et demie).

et ce quelle que soit la langue utilisée, c'est-à-dire celle des versions en allemand, en français et en anglais[18]. Un auteur propose cependant une explication pour ce manque apparent de preuves :

> Deux raisons expliquent l'extrême rareté de documentation pour tout ce qui concerne le début du mouvement des Frères : ils croyaient à l'imminence de la seconde venue de Christ et ils rejetaient toute forme d'organisation ecclésiastique. Si la fin du monde devait arriver d'un moment à l'autre, alors pourquoi s'appliquer à mettre tout par écrit puisque, de toute manière, tout serait bientôt détruit ? Ne valait-il pas mieux employer cette « période de grâce » pour prêcher l'Évangile et se préparer à l'enlèvement de l'Église ? La valeur des écrits – lettres, documents, comptes rendus de réunions – ne devrait être jugée qu'en vertu de leur utilité spirituelle et pastorale[19].

Cette explication lève quelque peu le voile sur le fait que très peu de documents existent également sur le travail de traduction de Darby. En effet, il n'a jamais écrit au sujet de son ministère, pourtant si important. De plus, la plupart des livres et des articles – qu'ils soient en français ou en anglais – qui traitent de l'histoire de la Bible n'accordent que peu de place à la version de Darby par rapport aux autres versions. Par exemple, l'édition française de la *Bible Thompson* contient une brève description

---

18. Les sources littéraires en italien, néerlandais ou suédois sont encore plus rares, quoique Darby ait aussi travaillé dans ces langues. Un commentateur écrit : « Il est intéressant de constater que le nom de J. N. Darby ne soit pas mentionné dans l'index de l'ancien British Museum avant le début du siècle, bien qu'il ait, avant son décès en 1882, plusieurs traductions à son compte, comme : l'Ancien et le Nouveau Testament, ainsi que toute la Bible en anglais ; toute la Bible en allemand et en français, et le Nouveau Testament en italien. […] Cette omission vient du fait que son nom n'apparaissait pas dans la plupart de ces premières versions, bien qu'on le retrouve dans sa version de la Bible en français de 1885. […] L'expression *"New Translation"* est ce qui permet d'identifier l'auteur de ces traductions » (Ehlert, *The Bible Collector*, vol. 3, p. 6).

19. Peter L. Embley, *The Origins and Early Development of the Plymouth Brethren* [L'origine et les premiers développements des Frères de Plymouth], trad. libre, 2003, p. 5-6, < www.bruederbewegung.de > (page consultée le 25 juin 2013).

de l'histoire de la Bible en France[20]. Elle consacre environ vingt lignes à la *Bible d'Olivétan* et seulement quatre à la version française de la *Bible Darby*. Cela n'est qu'un des nombreux exemples illustrant ce fait.

Par conséquent, des centaines de documents ont été consultés dans différents pays (Canada, États-Unis, France, Belgique, Suisse, Allemagne, Angleterre, Irlande et Pays-Bas) afin de recueillir une quantité suffisante de données de toutes sortes liées au travail de traduction de Darby. Cela a permis à l'auteur d'établir la chronologie de l'histoire de la traduction, et d'identifier le but et les principes qui ont dirigé Darby dans son travail. On retrouvera dans la bibliographie tous les documents consultés pour cet ouvrage. Au moins sept sources principales se sont avérées indispensables à sa réalisation : la série *Le Messager Évangélique* ; l'abondante correspondance de John Nelson Darby en trois volumes en anglais ; les préfaces aux différentes traductions de Darby en allemand, français et anglais ; les ouvrages *Bible notes from the 1871 edition of the New Testament*[21] et *Dates of J. N. Darby's Collected Writings*[22] ; les trois principales biographies de Darby (par Turner, Weremchuck et Field) ; et l'imposante collection *Darby's Collected Writings*[23].

Une remarque importante s'impose ici au sujet de sa correspondance (ses lettres). Deux facteurs ont joué lorsqu'on a voulu établir avec certitude à quel travail de traduction Darby se référait dans ses écrits, en particulier dans ses lettres. Le premier est qu'il

---

20. Frank C. Thompson, *La Bible Thompson avec chaîne de références*, Miami, Flor., Éditions Vida, 1990, p. 1650.

21. *Bible notes from the 1871 edition of the New Testament, English New Translation by J. N. Darby, annotated by the translator* [Notes bibliques de l'édition de 1871 du Nouveau Testament, nouvelle traduction en anglais par J. N. Darby, annotée par le traducteur], trad. libre, Chessington, Royaume-Uni, Bible and Gospel Trust, 2013.

22. *Dates of J. N. Darby's Collected Writings* [Dates de la collection des écrits de J. N. Darby], trad. libre, Chessington, Royaume-Uni, Bible and Gospel Trust, 2013.

23. Kelly, *The Collected Writings of John Nelson Darby*, Present Truth Publishers, édition électronique.

ne mentionnait pas toujours la langue de la version sur laquelle il travaillait. Le second facteur se rapporte au fait que Darby traduisait d'autres documents que la Bible, comme on peut le constater avec sa série *Les Études sur la Parole* (un résumé des livres de la Bible) en allemand[24] ou en anglais. Par conséquent, il est parfois impossible, à partir de certains de ses écrits en français ou en anglais, de déterminer de quel travail de traduction il parlait.

Sur une période de trente-sept ans (de 1845 à 1882, année de son décès), Darby a fait en allemand deux éditions du Nouveau Testament et une de l'Ancien Testament. Il a aussi fait en français quatre éditions du Nouveau Testament, et a achevé deux ans avant sa mort celle de l'Ancien Testament, dont le travail de révision ne fut complété qu'en 1885. En anglais, Darby a produit deux éditions du Nouveau Testament et travaillait sur une troisième au moment de son décès ; quant à l'édition de l'Ancien Testament, elle ne fut achevée qu'après celle des versions allemande et française, puis publiée en 1890[25]. Enfin, l'un des biographes de Darby soutient qu'il est le principal architecte de la version néerlandaise de 1877[26] et que des versions posthumes du Nouveau Testament en italien et en suédois furent produites plus tard, s'inspirant des traductions personnelles de Darby[27].

Il semble bien que Darby ait entrepris cette tâche colossale que représente son ministère de traduction parce qu'il n'était pas

---

24. Dans une lettre envoyée à Pierre Schlumberger, le 26 octobre 1857, d'Elberfeld, Darby écrit : « Il faut que je revoie la traduction allemande des *Études sur le Nouveau Testament* » (*Le Messager Évangélique*, 1899, p. 417).

25. Avant de mourir, Darby a été capable de réviser les cinq premiers livres, c'est-à-dire le Pentateuque (John Nelson Darby, *The Holy Scriptures : A new translation from the original languages, 1890 Edition* [Les Saintes Écritures : une nouvelle traduction à partir des langues originales, édition de 1890], trad. libre, Lancing, Royaume-Uni, Kingston Bible Trust, 1984, p. v).

26. Hermann C. Voorhoeve, *De Boeken, genaamd Het Nieuwe Testament. Nieuwe Vertaling* [Les livres, appelés le Nouveau Testament, nouvelle version], trad. libre, S. Gravenhage, H. C. Voorhoeve, Jzn, 1877.

27. Turner, *Unknown and Well Known*, p. 91-92.

satisfait des différentes versions bibliques de son époque. C'est pourquoi nous présenterons d'abord les raisons de son insatisfaction, puis les principaux collaborateurs de Darby dans la traduction, et enfin l'historique de chacune des différentes traductions en allemand, français, anglais, néerlandais, italien et suédois.

2.2 L'insatisfaction de Darby concernant les traductions bibliques de son époque

G. W. Turner, l'un des biographes de Darby, rapporte « qu'en raison de son insatisfaction au sujet des différentes versions bibliques existantes en français et en allemand, Darby décida de travailler à de nouvelles traductions dans ces deux langues avec des collaborateurs allemands et français [28] ».

2.2.1 L'insatisfaction de Darby concernant les traductions allemandes

Dans un petit ouvrage écrit en 1859, Darby fournit quelques raisons expliquant son mécontentement à l'égard des traductions bibliques allemandes. Au sujet de la traduction du Nouveau Testament de Bengel[29], il écrit dans une note que cette traduction soigneusement exécutée n'était utilisée par personne. Puis il ajoute : « La traduction allemande de Piscator[30], issue de la

---

28. *Ibid.*, p. 143.

29. Allusion possible à John A. Bengel, *Gnomon of the New Testament*, Edinburgh, T&T Clark, 1858, ou encore à l'édition originale de 1742.

30. Apparemment, Darby se référait à la traduction allemande de Johannes Piscator (1546-1625). Le catalogue de la bibliothèque de Darby, qui fut dressé après son décès, contient l'ouvrage suivant : Johannes Piscator, *Biblia, das ist alle Bücher Alten und Newen Testaments* [La Bible, qui sont tous les livres de l'Ancien et du Nouveau Testament], trad. libre, 7 vol., Bern, Suisse, In Hoch-Oberkeitlicher Truckerey, 1684 (Sotheby, Wilkinson & Hodge, *Catalogue of the Library of the Late John Nelson Darby* [Le catalogue de la bibliothèque de feu John Nelson Darby], trad. libre, Londres, Royaume-Uni, J. Davy & Sons, édition électronique, Archives sur le mouvement des Frères à l'Université de Manchester, 1889, p. 10).

Réforme, est très bonne. Mais hélas, elle a cédé la place – et ce, même dans les Églises réformées – au profit de la traduction de Luther, qui est à mon avis, la pire que je connaisse[31]. » Darby était manifestement un critique sévère de la traduction allemande de Luther. En effet, dans la seconde édition de sa version anglaise du Nouveau Testament, il écrit que le travail de traduction de Luther était à ses yeux ce qu'il y avait « de plus inexact[32] ». Puis, dans une lettre datée d'avril 1855 et écrite d'Elberfeld à son ami de longue date et collaborateur, Pierre Schlumberger, Darby qualifie « d'affreuse » la version de Luther[33]. Dans une autre lettre, écrite le 4 avril 1855 à Schlumberger (elle aussi écrite d'Elberfeld), il dit :

> On dit qu'il y a une toute nouvelle traduction de toute la Bible, un Luther corrigé. Je le crois incorrigible ; il est bien tombé dans mon estime depuis une année. J'apprécie sa foi, son énergie, la force avec laquelle il se confiait en Dieu pour son œuvre, je le reconnais de tout mon cœur comme un merveilleux instrument de Dieu sous ce rapport. Mais il était plein de lui-même à un point qui est humiliant pour le cœur, et pénible à lire. Dans sa traduction, il a traité la Parole avec une légèreté qui excite souvent mon indignation[34].

Malheureusement, Darby n'a jamais donné de raison précise pour expliquer son attitude extrêmement critique vis-à-vis de la traduction de Luther. Ses commentaires sont habituellement d'ordre général, sans qu'il ne soulève de point précis. Par exemple, dans une lettre datée du 25 janvier 1855, écrite d'Elberfeld et adressée à G. V. Wigram, Darby écrit : « C'est difficile de citer Luther car de toute manière, on ne peut se fier à lui pour espérer

---

31. John Nelson Darby, « *The House of God; the Body of Christ; and the Baptism of the Holy Ghost* » [La maison de Dieu ; le corps de Christ ; et le baptême du Saint-Esprit], trad. libre, dans *The Collected Writings of John Nelson Darby*, vol. 14, p. 16.
32. *Bible notes from the 1871 edition of the New Testament*, p. 408.
33. *Le Messager Évangélique*, 1899, p. 120.
34. *Ibid.*, p. 156-158.

démontrer une vérité biblique[35]. » Il est utile de mentionner ici que Darby a toutefois reconnu s'être servi de la traduction de Luther pour son propre travail sur la version allemande[36], peut-être à titre de comparaison. Selon l'opinion de Darby, exprimée dans le petit ouvrage cité précédemment, toutes les autres traductions en allemand étaient bonnes, même si certaines étaient inutilisées alors que d'autres laissaient largement à désirer, comme celle de [W. M. L. ?] de Wette[37]. Le mécontentement exprimé par Darby envers les traductions allemandes de l'époque était dû en partie à l'absence de version dans la langue du peuple. La traduction de Luther était populaire mais, au dire de Darby, présentait aussi des erreurs importantes.

2.2.2 *L'insatisfaction de Darby concernant les traductions françaises*

Lorsque venait le temps d'évaluer les différentes traductions de la Bible en français, Darby ne mâchait pas ses mots ! Dans le petit ouvrage cité précédemment[38], il écrit :

> Les traductions de la Bible en français sont médiocres. Celle de Diodati est la plus exacte, quoique désuète et pleine de fautes de français. Toutefois, le cœur du problème réside dans le fait que la langue française est singulièrement inadéquate pour traduire l'Écriture. Elle est sans aucun doute exacte, mais elle demeure néanmoins limitée dans l'expression des subtilités que tente de communiquer l'esprit humain (c.-à-d., celui du traducteur devant

---

35. Darby, *Letters of J. N. D.*, vol. 1, p. 240.
36. Kelly, *The Collected Writings of John Nelson Darby*, vol. 13, p. 169.
37. *Le Messager Évangélique*, 1899, p. 120. Darby ne précise pas l'ouvrage auquel il se réfère par ce noM. Cependant, le catalogue de sa bibliothèque contient l'ouvrage suivant : W. M. L. de Wette, *Handbuch zum Neuen-Testament* [Manuel du Nouveau Testament], trad. libre, 3 vol., Leipzig, Deutschland, S. Hirzel, 1857 (Sotheby, *et al.*, *Catalogue of the Library of the Late John Nelson Darby*, p. 6).
38. Darby, « The House of God; the Body of Christ; and the Baptism of the Holy Ghost », dans *The Collected Writings of John Nelson Darby*, vol. 14, p. 16.

la richesse du texte biblique dans la langue originale). La traduction de Diodati est donc de façon générale assez fidèle aux textes originaux mais la lecture de cette version en français constitue une activité excessivement pénible[39] !

La virulence des expressions utilisées par Darby dans cet article (« médiocres » et « singulièrement inadéquate ») démontre bien qu'il n'avait pas en haute estime les versions françaises de la Bible, voire la langue elle-même. Pourtant, quatre années avant la publication du petit ouvrage cité ici, Darby écrivait dans une lettre datée de janvier 1855, adressée à Pierre Schlumberger et postée d'Elberfeld : « Bien que la version française ne soit pas aussi nécessaire que la version allemande, ce serait quand même intéressant d'en posséder une dans cette langue[40]. » Cela montre clairement que Darby avait pris le temps de lire et d'évaluer les traductions de la Bible en français afin de s'en faire une opinion, qui devait, à partir de ce moment, radicalement évoluer dans une autre direction jusqu'en 1859.

Cependant, déjà en 1846, alors qu'il se trouvait en Angleterre, Darby avait émis des commentaires similaires dans une lettre écrite le 23 septembre à Benjamin Rossier. Commentant la version française de la traduction de Lausanne, il avait écrit : « Il y a des difficultés particulières résultant de ce que le génie de la langue française ne répond pas à bien des abstractions grecques[41]. » Huit ans plus tard, soit en 1854, alors qu'il travaillait sur la traduction de sa version allemande, Darby écrit que, au cours des dernières années, « il s'était longuement entraîné[42] », tant en anglais qu'en

---

39. *Ibid.*, p. 16-17.
40. *Le Messager Évangélique*, 1899, p. 76.
41. *Ibid.*, 1896, p. 395-396. Alors qu'il travaillait sur la première édition de la version Darby du Nouveau Testament en français, Pierre Schlumberger, un collaborateur de Darby en France, lui dit que la langue française était incapable de rendre certaines idées abstraites du grec. Darby répondit qu'il ne pouvait croire une telle affirmation (voir *Le Messager Évangélique*, 1900, p. 96-97).
42. Pour son travail de traduction.

français[43]. Apparemment, Darby avait acquis au fil du temps une bonne connaissance de la langue française. Cela ne l'a toutefois pas empêché d'écrire d'Angleterre, à la fin de l'année 1857, à Pierre Schlumberger, au moment où il était en train de traduire le Nouveau Testament en français :

> En traduisant le Nouveau Testament en français, je ne puis naturellement prétendre à la correction du style, la langue n'étant pas ma langue maternelle, mais il y a d'autres cas où l'on veut changer ce qui est dit pour l'adapter au français. – Là je suis inexorable. – Je fais ce travail seulement, cela est évident, pour que les frères possèdent (et d'autres, s'ils le veulent) ce qui est dit, ce qu'ils n'ont pas dans les autres traductions. – Si la version de Lausanne avait donné la vraie force du Nouveau Testament, il est de toute évidence que ce n'aurait pas été mon affaire de corriger le style, même si je le trouvais très laid[44].

Bien que Darby ait acquis une bonne connaissance de la langue française et de ses expressions idiomatiques, il reconnaît néanmoins ses limites et son besoin récurrent de s'appuyer sur d'autres pour son travail de traduction.

Darby mentionne trois versions françaises du Nouveau Testament dans la préface de sa deuxième édition du Nouveau Testament en anglais : Martin[45], Ostervald[46] et Arnaud[47]. Il écrit que les deux premières ne sont « pas fiables », alors que celle

---

43. Darby, *Letters of J. N. D.*, vol. 3, p. 291.
44. *Le Messager Évangélique*, 1899, p. 418-419.
45. Allusion possible à David Martin, *La Sainte Bible qui contient le Vieux et le Nouveau Testament*, Bruxelles, Belgique, Société biblique britannique et étrangère, 1847.
46. Allusion possible à J. F. Ostervald, *La Sainte Bible ou l'Ancien et le Nouveau Testament*, Strasbourg, France, Société biblique britannique et étrangère, 1863.
47. Allusion probable à E. Arnaud, *Le Nouveau Testament de notre Seigneur Jésus-Christ ou les livres sacrés de la nouvelle alliance*, version nouvelle, Paris, France, Grassart, Librairie-Éditeur, 1858.

d'Arnaud n'est absolument « pas digne de confiance »[48]. Encore une fois, Darby ne fournit pas d'explication précise à ses affirmations[49]. Toutefois, il est raisonnable de supposer que l'opinion qu'il avait du *Texte Reçu*[50], qu'il jugeait inférieur, inexact et corrompu, soit à l'origine de ses commentaires sur les versions de Martin et d'Ostervald, puisque leurs traductions se basaient sur ce texte grec[51]. Deux points résument le mécontentement de Darby au sujet des différentes traductions en français : l'infériorité des textes sources et le manque de précision des traductions.

2.2.3 L'insatisfaction de Darby concernant les traductions anglaises

Darby avait toutefois une appréciation très différente des traductions anglaises de la Bible disponibles à son époque. Nous savons que, lorsqu'il a entrepris de traduire la Bible en allemand, il a utilisé comme référence *une très bonne version anglaise*, sans pour autant la nommer[52]. Puis, dans la préface de sa version allemande

---

48. *Bible notes from the 1871 edition of the New Testament*, p. 408. Daniel Lortsch écrit que le Nouveau Testament d'Arnaud, publié en 1858, contenait des expressions incorrectes et difficiles à comprendre (voir Daniel Lortsch, *Histoire de la Bible en France*, Paris, France, Agence de la Société biblique britannique et étrangère, 1910, p. 147).

49. Dans un article écrit à Genève en 1841, Darby critique Martin et Ostervald pour ne pas avoir traduit l'expression grecque τὸ πλήρωμα τοῦ χρόνου [to plèrōma tou chronou] par « l'accomplissement (ou : la plénitude) du temps » dans Galates 4.4. Le point central de sa critique ici est le niveau de littéralité (voir John Nelson Darby, « *Some further developments on the principles set forth in the pamphlet, entitled On the formation of Churches and reply to some objections made to those principles* » [Quelques pensées supplémentaires sur les principes développés dans la brochure intitulée À propos de la formation des Églises et une réplique à certaines objections présentées contre ces principes], trad. libre, dans *The Collected Writings of John Nelson Darby*, vol. 1, p. 170).

50. Le premier Nouveau Testament grec qui a été publié a été celui d'Érasme, un érudit de Rotterdam, en 1516. Ce texte a par la suite subi plusieurs révisions. Dans celle de 1633, publiée par les imprimeurs hollandais Elzévirs, la préface contenait la prétention que le lecteur avait maintenant entre les mains le « texte qui est reçu par tous ». De là vient l'appellation « Texte Reçu » (*Textus Receptus*).

51. Pour connaître l'opinion de Darby au sujet du *Texte Reçu*, voir le chapitre 5.

52. Darby, *Letters of J. N. D.*, vol. 3, p. 292.

du Nouveau Testament, il répète avoir utilisé une « excellente » traduction anglaise, qu'il ne nomme pas mais qu'il qualifie de « très précise »[53]. La version non-identifiée utilisée par Darby est probablement celle appelée *Version autorisée*[54], aussi connue sous le nom de version *King James*[55]. À ce sujet, G. W. Turner écrit : « Darby ne considérait pas important d'avoir une nouvelle traduction de la Bible en anglais puisqu'en tout et partout, la version *King James* suffisait amplement, et il la recommandait vivement à tous ceux qui comme lui, recherchaient une version fidèle et précise[56]. »

Cependant, aux alentours de 1867, Darby est devenu plus critique à l'égard de cette version. En effet, dans un article, il récuse le principe adopté par les traducteurs, qui consistait à utiliser plusieurs mots en anglais pour rendre le même mot grec. Il écrit :

> Le même mot grec, qui apparaît dans Jean 5.24 et qui est traduit en anglais par « condamnation », se retrouve aussi dans les versets 22, 27 et 29. Il faut savoir que le mot « condamnation » est un mot différent dans le grec. Et même si le résultat final est la condamnation, le choix de ce mot enlève néanmoins toute la force de ce passage. Dans la préface de la première édition, les traducteurs expliquent que si un mot grec revient plusieurs fois dans un passage, un mot différent en anglais est utilisé pour le traduire, chaque fois que cela est possible. Quoique nous ayons plusieurs raisons de nous réjouir de cette version en anglais, il n'en demeure pas moins que le principe énoncé plus haut et utilisé par les traducteurs est totalement faux[57].

---

53. Kelly, *The Collected Writings of John Nelson Darby*, vol. 13, p. 169.
54. Appelée ainsi parce que cette traduction avait été autorisée par le roi Jacques 1er d'Angleterre en 1607 et publiée en 1611.
55. [La Bible du roi Jacques], trad. libre.
56. Turner, *Unknown and Well Known*, p. 143.
57. John Nelson Darby, « *What do the Scriptures teach concerning judgment to come?* » [Qu'est-ce que les Écritures enseignent à propos du jugement à venir ?], trad. libre, dans *The Collected Writings of John Nelson Darby*, vol. 10, p. 378.

Dans la préface de la deuxième édition de sa version anglaise du Nouveau Testament, publiée en 1871, Darby dénonce une fois de plus ce principe, qu'il décrit comme « une très grande et grave erreur » puisqu'il « élimine le lien unifiant le texte »[58]. En dépit de cela, il a toujours montré qu'il appréciait cette traduction, comme en témoigne la citation suivante provenant de la même préface :

> Il y a des remarques que je désirerais faire au sujet de *[la Version autorisée]* en anglais, lesquelles m'excluraient certainement de toutes tentatives d'y apporter quelques corrections, ce qui serait en soit une tâche colossale. Sa valeur et sa beauté sont connues de tous. C'est pourquoi je ne m'étendrai pas là-dessus. Elle a été ma Bible de chevet et de référence, et bien qu'ayant étudié moi-même le grec, je n'ai aucun désir de la sous-estimer. Mais maintenant que tout a été minutieusement étudié, il faut noter certains points qui devraient conduire à la réalisation d'une traduction plus exacte pour le lecteur anglophone[59].

Une autre traduction de la Bible en anglais fut aussi l'objet de critique de la part de Darby. Dans un article publié en 1871, il écrit :

> On ne peut pas compter sur la version d'Alford[60]. Elle s'adresse uniquement à l'étudiant qui possède le discernement, la connaissance et le jugement en la matière. Il était animé d'un esprit vif pour soulever toutes sortes de questions, mais je n'ai jamais considéré qu'il était capable de les résoudre. Son jugement manquait de sérieux et de bon sens. Par conséquent, on ne peut lui faire confiance[61].

---

58. *Bible notes from the 1871 edition of the New Testament*, p. 409.

59. *Ibid.*, p. 408-409.

60. Allusion probable à Henry Alford, *The New Testament of our Lord and Saviour Jesus Christ after the Authorized Version* [Le Nouveau Testament de notre Seigneur et Sauveur Jésus-Christ après la Version autorisée], trad. libre, Londres, Royaume-Uni, Strahan & Co., Publishers, 1870.

61. John Nelson Darby, « *Notes on the Readings on 1 Corinthians* » [Notes concernant les lectures sur 1 Corinthiens], trad. libre, dans *The Collected Writings of John Nelson Darby*,

Cependant, l'insatisfaction de Darby au sujet des versions anglaises s'applique surtout à celle dite « *Version autorisée* ». Deux raisons principales résument sa critique : les principes de traduction utilisés par les traducteurs, et le texte source qui est à la base de cette traduction, c'est-à-dire le *Texte Reçu*, qui fut dénoncé avec vigueur par Darby[62]. Enfin, certaines autres versions en anglais, comme celle d'Alford citée plus haut, n'étaient pas accessibles à tous.

2.2.4 Résumé

Dans les sections précédentes (2.2.1 – 2.2.3), nous avons vu les raisons justifiant le mécontentement de Darby au sujet des différentes traductions de la Bible présentes à son époque. Ce sont elles qui l'ont poussé à traduire la Bible en allemand, en français et en anglais. Mais avant de développer l'historique de chacune de ces traductions (et de trois autres), nous allons d'abord présenter un portrait de ses nombreux collaborateurs dans la traduction, car Darby n'a pas travaillé seul.

2.3 Les collaborateurs de Darby pour la traduction

Selon Marion Field[63], Darby connaissait huit langues : l'allemand, le français, l'italien, le maori (Nouvelle-Zélande), l'hébreu, le grec, le latin et bien sûr l'anglais. Nul doute que sa grande érudition faisait de lui quelqu'un d'extrêmement qualifié pour le travail de traduction de la Bible, d'où le fait qu'il ait personnellement travaillé sur des versions allemande, française et anglaise. Pourtant, il n'a jamais effectué ce travail seul. Il s'est entouré de croyants qualifiés qui l'ont aidé à la traduction et à la révision des textes. G. W. Turner écrit : « Il a travaillé avec des collaborateurs

---

vol. 26, p. 238.
62. *Bible notes from the 1871 edition of the New Testament*, p. 403.
63. Field, *John Nelson Darby: Prophetic Pioneer*, p. 168.

allemands et français dans le but de produire de nouvelles versions dans ces deux langues[64]. » En revanche, nous en savons peu sur eux, puisque leurs noms sont rarement mentionnés dans les écrits français et anglais de Darby. Au mieux, nous possédons, soit leurs initiales, soit la première lettre de leur noM. (S'agit-il du prénom ou du nom de famille ?) Par exemple, dans deux lettres consécutives écrites en janvier et en février 1858, Darby écrit : « À Monsieur P. S. Voilà, cher frère, les corrections d'une feuille, plus les remarques de N. [...] J'ai B. avec moi. [...] R. m'a envoyé, le jour de mon départ, quelques remarques au sujet de notre traduction[65]. » En quelques rares occasions, le nom complet est donné. C'est le cas dans une lettre où W. J. Lowe écrit à Darby pour lui signaler quelques problèmes dans la traduction française[66]. Les prochaines sections présenteront – avec quelques preuves à l'appui – les principaux collaborateurs de Darby dans le travail de traduction de la Bible en allemand, français et anglais.

2.3.1 Les collaborateurs de Darby pour la version allemande

Selon un livre allemand publié par la maison d'édition R. Brockhaus et traduit par Reinhard J. Buss, « la traduction biblique connue sous le nom de version "Elberfelder Bibel[67]" représente la plus importante œuvre initiée par F. W. Brockhaus[68] »[69]. De son côté, Marion Field mentionne quelques-uns de ceux

---

64. Turner, *Unknown and Well Known*, p. 143.
65. *Le Messager Évangélique*, 1899, p. 420, 440.
66. W. J. Lowe, *Letter to John Nelson Darby about the French translation* [Lettre à John Nelson Darby à propos de la traduction française], trad. libre, Manchester, Royaume-Uni, Archives sur le mouvement des Frères à l'Université de Manchester, 1874.
67. Tiré du nom de la ville (Elberfeld) où une grande partie du travail de traduction a été faite.
68. Seule référence connue en lien avec ce F. W. Brockhaus.
69. Ehlert, *The Bible Collector*, vol. 9, p. 7.

qui ont aidé Darby à la traduction de la version allemande[70] : Carl Brockhaus[71], Julius von Poseck[72], et Hermann Cornelius Voorhoeve[73]. Turner ajoute que « d'autres ont aussi contribué aux révisions, principalement Rudolf Brockhaus et Emil Dönges[74] ».

Dans une lettre qu'il a écrite à Pierre Schlumberger, Darby mentionne la contribution d'un « Juif prussien converti[75] ». Max Weremchuk, de son côté, affirme que, contrairement à von Poseck, Carl Brockhaus ne connaissait pas le grec[76]. Dans la même foulée, Weremchuk souligne ce commentaire de von Poseck : « Pendant environ six mois, j'ai bien humblement aidé Darby à traduire le Nouveau Testament en allemand, et du coup, j'ai été en mesure de constater, jour après jour, la profonde connaissance qu'il avait des trésors insondables de la Parole de Dieu[77]. »

---

70. Field, *John Nelson Darby: Prophetic Pioneer*, p. 168.

71. Quelquefois écrit « Karl ».

72. On trouve une lettre rédigée par von Poseck et envoyée à Darby au sujet de la traduction du Nouveau Testament en allemand aux Archives sur le mouvement des Frères à l'Université de Manchester (référence GB 133 J. N. D./5/236).

73. Voir aussi Turner, *Unknown and Well Known*, p. 153. Voorhoeve a également travaillé sur la version néerlandaise de la Bible Darby. Arend Remmers écrit, qu'en 1877, Voorhoeve utilisa le texte grec – que Darby avait corrigé – pour traduire le Nouveau Testament en néerlandais (voir Arend Remmers, *Gedenket Eurer Führer: Lebensbilder Einiger Treuer Männer Gottes* [Souvenez-vous de vos conducteurs : des exemples de la vie d'hommes de Dieu fidèles], trad. libre, Schwelm, Deutschland, Heijkoop Verlag, 1990, p. 168).

74. Turner, *Unknown and Well Known*, p. 153. Emil Dönges est aussi mentionné par Remmers (*Gedenket Eurer Führer*, p. 25,61) et par R. A. Huebner (*Precious Truths Revived and Defended Through J.N. Darby* [Vérités précieuses remises en lumière et défendues à travers J. N. Darby], trad. libre, 3 vol., Morganville, New Jersey, Present Truth Publishers, 1994-2004, vol. 1, p. 219). Il aurait révisé le Nouveau Testament entre 1884 et 1886. Remmers (*op. cit.*) mentionne aussi un certain Dr Alfred Rochat, qui révisa l'Ancien Testament après l'édition de 1871, aidé de quelques autres (voir aussi Huebner, *Precious Truths Revived and Defended Through J. N. Darby*, vol. 1, p. 219). R. J. Buss écrit : « La révision du texte de l'A. T. par le Dr A. Rochat de Stuttgart lui valut l'attention de ses pairs. À part quelques corrections de routine du texte, tout le N. T. fut révisé et corrigé par le Dr Emil Dönges, d'abord à Elberfeld, puis, plus tard, à Darmstadt » (Ehlert, *The Bible Collector*, vol. 9, p. 8).

75. *Le Messager Évangélique*, 1899, p. 420.

76. Voir Weremchuk, *John Nelson Darby*, p. 170.

77. *Ibid.*

Gustav Ischebeck rapporte que cette période de six mois s'est déroulée de septembre 1854 à l'été 1855[78]. Selon Arend Remmers, la connaissance que von Poseck possédait des langues anciennes lui a permis de prendre plusieurs des idées de Darby et de les traduire dans la langue du peuple allemand[79]. Pour ce qui concerne la traduction de l'Ancien Testament en allemand, Darby « s'est fait aider par le néerlandais Hermann Cornelius Voorhoeve, un frère dans la foi qui connaissait l'hébreu[80] ». Weremchuk ajoute que Darby a achevé la traduction de l'Ancien Testament en 1871[81]. Apparemment, les frères Brockhaus ont été parmi les premiers leaders du mouvement des Frères en Allemagne de l'Ouest, et c'est à leur demande que Darby est venu dans ce pays pour la première fois en 1854[82]. Mais quelle qu'ait été leur implication dans le travail de traduction de la Bible *Elberfelder*, elle semble bien loin du rôle important joué par von Poseck et Voorhoeve. Enfin, Remmers rapporte que le Dr Hermann Menge – un traducteur de la Bible en allemand – a dit que la Bible *Elberfelder* était la meilleure version allemande produite depuis celle de Luther[83].

---

78. Ischebeck, *John Nelson Darby, son temps et son œuvre*, p. 46.

79. Remmers, *Gedenket Eurer Führer*, p. 118.

80. Weremchuk, *John Nelson Darby*, p. 170.

81. *Ibid.* Selon Gustav Ischebeck (*John Nelson Darby, son temps et son œuvre*, p. 47), c'est avec l'aide d'un Allemand et d'un Néerlandais que Darby a traduit l'Ancien Testament en allemand entre décembre 1869 et l'été 1870. Les collaborateurs allemand et néerlandais étaient respectivement Carl Brockhaus et H. C. Voorhoeve (voir Remmers, *Gedenket Eurer Führer*, p. 168). Il semble que von Posek fut le premier à travailler sur l'Ancient Testament avant d'être remplacé par Voorhoeve (*ibid.*, p. 49).

82. William, le frère de Darby, qui vivait à Düsseldorf depuis 1848, fut l'un de ceux qui joignit aussi sa voix à cette invitation (voir Ischebeck, *John Nelson Darby, son temps et son œuvre*, p. 46).

83. Remmers, *Gedenket Eurer Führer*, p. 25.

2.3.2 Les collaborateurs de Darby pour la version française

Pour sa traduction de la Bible en français, Darby a travaillé en étroite collaboration avec Pierre Schlumberger-Berthoud[84], William Joseph Lowe, Herman Cornelius Voorhoeve, Nicolaas Anthony Johannes Voorhoeve, Edward Lawrence Bevir, et Charles-François Recordon. D'autres ont sans aucun doute apporté leur aide. Adrien Ladrierre dit que Darby a produit sa version française « avec l'aide de frères qualifiés qui se réunissaient tous ensemble avec lui chaque hiver à Pau[85] ». Frédéric Cuendet écrit que la version *Darby* en français fut achevée à Pau en 1881 avec la collaboration des frères P. Schlumberger, J. W. Lowe, *et de quelques autres*, et qu'elle fut publiée en partie entre 1881 et 1885[86]. D'ailleurs, en dehors de Darby, Pierre Schlumberger semble être celui qui a accompli la plus grande partie du travail de traduction.

Les fameuses initiales « P. S. » sont celles de Pierre Schlumberger[87] (1818-1889), à qui Darby écrivit une quantité impressionnante de lettres entre janvier 1855 et le 11 mars 1882[88], qui ont été publiées dans *Le Messager Évangélique*[89]. Gustave Schlumberger, l'un des fils de Pierre, dans un livre intitulé *Mes Souvenirs* dont il est l'auteur, donne une description très intéressante de la relation qui existait entre son père et Darby, d'où l'intérêt de la longue citation qui suit :

> Mon père, à peu près remis de ses longues années de souffrance, déjà de nature profondément religieuse, avait adopté avec

---

84. Berthoud était le nom de famille de son épouse.

85. Adrien Ladrierre, *L'Église : une esquisse de son histoire pendant vingt siècles,* 3 vol., Vevey, Suisse, Éditions Bibles et Traités Chrétiens, 1990, vol. 3, p. 366.

86. F. Cuendet, *Souvenez-vous de vos conducteurs,* Vevey, Suisse, Éditions Bibles et Traités Chrétiens, 1966, p. 35. Voir aussi Remmers, *Gedenket Eurer Führer,* p. 49.

87. De Mulhouse en France (voir Lortsch, *Histoire de la Bible en France,* p. 148).

88. La dernière lettre que Darby lui fit parvenir porte cette date (voir plus bas).

89. Cuendet, *Souvenez-vous de vos conducteurs,* p. 65.

enthousiasme les principes d'un réformateur protestant, né en Irlande [sic], John Newton Darby [sic]. Cet homme très pieux, fort intelligent, avait fondé en Angleterre, en France, et en Suisse, une secte protestante, connue depuis sous le nom de « Darbystes » ou « Frères de Plymouth », qui ne tendait à rien moins qu'à restituer, autant que faire se pourrait, les principes et l'existence même de l'Église primitive. Les croyants de cette petite Église, dont mon père devint vite le chef aimé et respecté pour la congrégation de Pau, étaient des hommes profondément convaincus, menant en dehors du monde une vie admirable de travail, de foi, de recueillement et de prière. [...] Mon père avait une grande intelligence, le plus beau et le plus noble caractère, la plus belle et parfaite piété, avec beaucoup de charme. [...] Il était extrêmement cultivé, avait étudié à fond le grec, aimait et pratiquait les arts. [...] Depuis sa conversion aux principes si austères du Darbysme, il avait tout abandonné pour s'occuper uniquement des choses de Dieu, pour évangéliser autour de lui. Il exerçait sur les âmes inquiètes de l'au-delà, assoiffées de vie religieuse, une influence extraordinaire. Il vivait littéralement la Bible à la main. Son *Nouveau Testament*[90] ne le quittait jamais. Il a, de concert avec son ami, M. J. N. Darby, publié à Vevey, en Suisse, d'excellentes éditions des Livres Saints, connues en librairie sous le nom « d'édition de Vevey »[91].

Même si la mémoire de Gustave Schlumberger est évidemment déficiente, il n'en demeure pas moins que cette description est fort utile, car elle nous aide à mieux comprendre la personnalité et le travail de Pierre Schlumberger. De plus, il semble raisonnable de conclure à partir des paroles citées ici (« il a publié [...] d'excellentes éditions » [*pluriel*]) que Pierre Schlumberger a travaillé, non seulement sur la première édition du Nouveau

---

90. Les italiques utilisés par Gustave Schlumberger pour souligner les mots « Nouveau Testament » suggèrent un titre plutôt qu'une description. Le titre complet de cette version française est *Les livres saints connus sous le nom de Nouveau Testament*.

91. Gustave Schlumberger, *Mes souvenirs (1844-1928)*, tome premier, Paris, France, Librairie Plon, 1934, p. 7-8.

Testament dit « de Pau-Vevey », mais aussi sur celles de 1872, 1875 et 1878[92]. Assurément, c'était un chrétien très engagé. À ce sujet, Ladrierre écrit que Schlumberger avait l'habitude « de mettre une abondante quantité de ses biens personnels à la disposition de l'œuvre du Seigneur[93] ». La grande amitié qui existait entre eux est évoquée de façon admirable dans cette dernière lettre que Darby lui a écrite, de Bournemouth, le 11 mars 1882 :

> Bien cher frère, J'ai souvent pensé à vous écrire ; mais j'en ai été empêché. Actuellement je dois employer la main d'autrui pour vous annoncer que je ne le puis pas ; je veux seulement vous rappeler la longue traversée que nous avons faite ensemble, et reconnaître l'affection fidèle que j'ai éprouvée en vous et dans la bienveillance de Mme S.[94] Maintenant, c'est la fidélité éternelle du Christ qui doit être mon appui, et qui me rend, grâces à Dieu, heureux, béni, et soutenu de la part de Dieu. Je vous souhaite la bienvenue dans l'autre monde. Saluez très affectueusement tous les frères. Votre tout affectionné[95].

---

92. Darby était vivant lorsque ces éditions ont été produites. De plus, Schlumberger a probablement travaillé sur l'édition posthume de 1885.
    93. Ladrierre, *L'Église : une esquisse de son histoire pendant vingt siècles*, vol. 3, p. 366.
    94. Allusion probable à l'épouse de Pierre Schlumberger.
    95. *Le Messager Évangélique*, 1903, p. 318-319. Dans une autre lettre adressée à Pierre Schlumberger, à la fin de juin ou juillet 1860, nous trouvons un témoignage de la très grande amitié qui soudait les deux hommes :
> Bien cher frère, Je crois avoir oublié aux Eaux-Bonnes mon Nouveau Testament (nouvelle édition), où j'ai fait les corrections que nous avons examinées ensemble. Je pense l'avoir laissé au salon où je l'avais pris pour la lecture de midi moins un quart. Vous pourrez me l'envoyer par la poste. Il m'a semblé un peu étrange, cher frère, de passer devant votre porte sans entrer, quoique ce fût en votre absence. Tout froid et peu liant que je sois (par timidité je crois), une fois que j'ai confiance en quelqu'un, je me considère par là-même peut-être trop comme chez moi. Je l'ai souvent senti dans mon passage à travers ce pauvre monde. Au reste, plus on se sent étranger et pèlerin dans ce monde, plus on sent le prix de la bienveillance qui nous entoure et qui nous inspire cette confiance. Soyez sûr, cher frère, que je n'oublie pas combien j'en ai été l'objet de votre part (*Le Messager Évangélique*, 1903, p. 238-239).

Enfin, Daniel Lortsch déclare que la collaboration de Pierre Schlumberger explique la supériorité du style de la traduction par rapport à celui des écrits de Darby lui-même[96].

William Joseph Lowe (1839-1927), né à Londres, fut un autre collaborateur très utile dans la traduction de la Bible Darby en français. Ainsi, aspirant à s'engager dans l'œuvre missionnaire au Québec parmi les Canadiens français, il déménagea en Suisse, en 1866, afin d'améliorer son français. C'est à cette époque qu'il fit la rencontre de Darby. W. L. Lowe avait alors 26 ans. Sa connaissance de la langue française allait faire de lui un précieux collaborateur dans l'œuvre de traduction de la Bible Darby en français. Marion Field écrit que Lowe a lu et corrigé le manuscrit de la traduction. Puis elle ajoute : « Darby est tellement impressionné par la qualité des corrections qu'il demande à Lowe de continuer de travailler avec lui[97]. » Dans une citation tirée d'un ouvrage sur Lowe[98], Max Weremchuk rapporte précisément cette déclaration de Darby à Lowe : « Vous êtes exactement la personne qu'il nous faut, mettez de côté ce sur quoi vous travaillez et aidez-nous[99]. » Au fil du temps, Lowe est devenu l'un des plus proches collaborateurs de Darby. Ensemble, ils ont rassemblé une grande quantité de notes critiques, comme le montre la deuxième édition du Nouveau Testament en français (1872). Toutefois, comme le souligne un autre auteur, « c'est le cœur serré que Monsieur Lowe constate qu'une quantité importante et précieuse de notes rassemblées par les traducteurs de la nouvelle traduction en français, à partir de manuscrits récemment découverts ne pourront, elles

---

96. *Le Messager Évangélique*, 1910, p. 148.
97. Field, *John Nelson Darby: Prophetic Pioneer*, p. 171.
98. *A Brief Account of the Life and Labours of the late W. J. Lowe* [Un bref récit de la vie et des travaux de feu W. L. Lowe], trad. libre, Londres, Royaume-Uni, C. A. Hammond, 1927, < http://stempublishing.com > (page consultée le 4 juin 2013).
99. Weremchuk, *John Nelson Darby*, p. 170. Voir aussi Remmers, *Gedenket Eurer Führer*, p. 90.

aussi, être incorporées à la version anglaise[100] ». Frédéric Cuendet fait état d'un événement qui s'est produit quelques jours avant le décès de Darby :

> J. N. D. avait énormément d'affection pour W. J. Lowe, un fidèle collaborateur avec qui il avait travaillé pendant plusieurs années, surtout dans la traduction de la Bible. Un après-midi où Lowe lui rendait visite, Darby, qui n'avait plus que quelques jours à vivre, lui saisit la main, la baisa, et lui exprima toute sa gratitude pour ces merveilleuses années de collaboration, ajoutant : « Nous avons travaillé ensemble et nous nous sommes réjouis ensemble. Que Dieu vous bénisse »[101].

Il y a quatre autres collaborateurs à la traduction de la Bible Darby en français dont les noms sont connus. Frédéric Cuendet mentionne deux frères néerlandais, H. C. Voorhoeve et le Dr N. A. J. Voorhoeve[102]. Une certaine Mme A. M. Stoney, dans des *Mémoires* non publiées, écrit au sujet d'un autre collaborateur : « Lorsque J. N. D. avait besoin d'aide dans la traduction, E. L. Bevir se joignait à lui et ils demeuraient à Pau, dans la jolie maison de Pierre Schlumberger, entourée d'arbres[103] » (Stoney [2013]).

Bien qu'il soit difficile d'établir avec certitude le rôle qu'ont joué les frères Voorhoeve et E. L. Bevir dans la traduction de la version française, la plus grande partie du travail accompli revient sans contredit au trio Schlumberger, Lowe et Darby. Parmi tous les collaborateurs de Darby dans le travail de traduction, et ce, toutes

---

100. *A Brief Account of the Life and Labours of the late W. J. Lowe*, 1927. Ces notes compilées par Darby, Lowe et autres collaborateurs ont été publiées récemment en anglais par The Bible and Gospel Trust (*Bible notes from the 1871 edition of the New Testament*).

101. Cuendet, *Souvenez-vous de vos conducteurs*, p. 54. Arend Remmers écrit que cet événement est rapporté par Lowe dans son journal intime (Remmers, *Gedenket Eurer Führer*, p. 91).

102. Cuendet, *Souvenez-vous de vos conducteurs*, p. 69.

103. A. M. Stoney, *Darby of the Leap* [Les Darby du château de Leap], trad. libre, < http://www.mybrethren.org > (page consultée le 27 juin 2013).

langues confondues, ces deux hommes ont été ses plus importants et plus proches collaborateurs. Charles-François Recordon est le dernier de cette liste de quatre autres connus. Darby, dans une lettre écrite le 15 mars 1858, lui demande de continuer son travail de révision de la version française[104]. Il souligne aussi dans cette lettre l'apport très utile d'un dénommé « R. »[105] en ce qui a trait aux articles et aux verbes grecs dits « aoristes ».

2.3.3 Les collaborateurs de Darby pour la version anglaise

Contrairement aux versions allemande et française, Darby semble avoir effectué seul sa traduction de la Bible en anglais. Mis à part deux ou trois sources secondaires, on ne trouve aucune trace de collaborateur, s'il y en a eu, pour la version anglaise.

Il est toutefois possible qu'Edward Elihu Whitfield (1848-?) ait été l'un de ses collaborateurs. Une encyclopédie lui consacre un article, dans lequel on affirme qu'il a édité la version anglaise, divisée en quatre sections, de l'Ancien Testament, traduite à Londres par Darby entre 1883 et 1889[106]. Cet article fait aussi état des études de Whitfield à Oxford et Heidelberg. Il souligne enfin, qu'après 1889, il travailla dans différentes écoles comme spécialiste de la langue moderne. À la lumière des informations données dans cet article, il est raisonnable de penser que les connaissances de Whitfield dans la linguistique moderne le plaçaient dans une position avantageuse pour établir une version anglaise de l'Ancien Testament en utilisant les autres versions de

---

104. *Le Messager Évangélique*, 1911, p. 318.

105. Ce dénommé « R. » est aussi mentionné dans *Le Messager Évangélique* de 1899, p. 419, 440 ; et dans celui de 1900, p. 19, 39, 40, par rapport aux corrections apportées à la traduction.

106. S. M. Jackson, éd., *The New Schaff-Herzog Encyclopedia of Religious Knowledge* [La nouvelle encyclopédie Schaff-Herzog de la connaissance religieuse], trad. libre, New York, N. Y., et Londres, Royaume-Uni, Funk and Wagnalls Company, 1912.

Darby dans d'autres langues[107]. Il a cependant été impossible de trouver d'autres sources qui auraient pu appuyer ces affirmations.

Un autre collaborateur serait William Kelly, un ami très proche de Darby, dont le nom est mentionné clairement dans au moins une source. D. P. Ryan écrit que Kelly « a aidé *[Darby]* à préparer sa traduction de la Bible en anglais[108] ». Il ne cite toutefois aucune source. En revanche, Edwin N. Cross fournit quelques renseignements fort utiles. Il écrit que « c'est par égard pour le plus âgé [*J. N. D.*] que le plus jeune [*Kelly*] n'a jamais publié de traduction de toute la Bible ou de tout le Nouveau Testament. C'est parce qu'il portait J. N. D. en haute estime qu'il s'efforçait de propager ses écrits[109] ». Ce n'est qu'en 1860 que Kelly publia sa propre traduction du livre de l'Apocalypse[110]. Commentant sur ce sujet, Cross écrit :

> Lorsque M. Darby a publié sa nouvelle traduction en anglais, il a écrit dans la préface du livre de l'Apocalypse : « Si le lecteur trouve que ma traduction a une ressemblance étrange avec celle de M. Kelly, qu'il s'en réjouisse, car la mienne fut produite un an ou deux avant qu'il ne publie la sienne[111], et il n'a jamais vu la mienne avant que je n'écrive cela »[112].

---

107. L'édition de 1889 de la traduction de Darby de l'Ancien Testament en anglais comprend un sous-titre qui indique un travail de révision basé sur les traductions de Darby en allemand et en français.

108. D. P. Ryan, *Two Nineteenth Century Versions of the New Testament* [Deux versions du Nouveau Testament au XIXe siècle], trad. libre, Morganville, N. J., Present Truth Publishers, 1995, p. i.

109. Edwin N. Cross, *The Irish Saint and Scholar : A biography of William Kelly* [Le saint et savant irlandais : une biographie de William Kelly], trad. libre, Londres, Royaume-Uni, Chapter Two, 2004, p. 63.

110. La seconde édition date de 1868-1869.

111. Il semble bien, qu'aux alentours de 1858-1859, Darby avait déjà traduit l'Apocalypse en anglais.

112. Cross, *The Irish Saint and Scholar*, p. 28.

Cette préface de Darby semble démontrer que Kelly n'a pas travaillé avec lui, du moins au début, sur sa traduction en anglais. Un commentaire de Cross semble corroborer cette hypothèse : « Darby a visité l'Irlande à deux reprises en 1859, mais Kelly était déjà trop occupé à préparer la publication de sa première édition du livre de l'Apocalypse[113]. » En effet, la collaboration entre les deux hommes à cette époque est plutôt unilatérale (Darby aidant Kelly) que bilatérale, comme le souligne Cross : « J. N. D. lui écrit d'Irlande une première fois (1859), en réponse à une question au sujet de la traduction et de l'interprétation du chapitre 7, et une seconde fois, de La-Chaux-de-Fonds en Suisse (vers la fin de 1860), afin d'élucider d'autres points[114]. » Voilà le contexte entourant la première traduction de Darby en anglais.

Plus tard, dans la préface de la deuxième édition du Nouveau Testament en anglais, Darby écrit qu'il a comparé tous les manuscrits édités à partir d'un index établi en partie par « un ami estimé quoiqu'aujourd'hui décédé, et par M. Charles Pridham[115] », et « qu'ils ont été vérifiés pour la plupart par M. William Kelly[116] ». Ces trois hommes n'ont pas joué un rôle direct dans le travail de révision. Darby dit seulement qu'il « a utilisé l'index » établi par ses amis. De plus, on ne sait pas exactement quel manuscrit Kelly a vérifié. S'agissait-il de ceux consignés dans l'index ou de ceux édités par Tischendorf, Lachmann, etc. ? Darby poursuit dans le même paragraphe en commentant leur travail de conception de l'index : « L'observation minutieuse des détails est un don particulier que je ne possède pas. C'est pourquoi je leur suis extrêmement reconnaissant. Pour

---

113. *Ibid.*, p. 27.
114. *Ibid.*
115. R. A. Huebner écrit : « M. C. Pridham, qui a contribué non seulement à cette version anglaise, mais aussi à *The Englishman's Greek Concordance* […] est un érudit de la Bible » (Huebner, *Precious Truths Revived and Defended Through J. N. Darby*, vol. 1, p. 217).
116. *Bible notes from the 1871 edition of the New Testament*, p. 404.

tout le reste, *j'ai fait moi-même tout le travail, aidé des manuscrits édités, afin de parvenir à une décision*[117] ». Les preuves démontrent encore une fois que Kelly n'a pas joué de rôle direct dans le travail de révision de la traduction en anglais. Cependant, dans une lettre écrite de Londres en juillet 1869 à Pierre Schlumberger, Darby mentionne l'aide apportée par un certain M. « K. » à la deuxième édition du Nouveau Testament en anglais, laquelle consista en quelques vérifications basées sur le texte grec[118]. William Kelly est probablement la personne en question. En effet, c'était un grand érudit, très qualifié dans le domaine de la traduction, ce qui faisait de lui la personne tout indiquée pour aider Darby dans son travail de traduction. Edwin Cross a déclaré « qu'un dénommé T. M. T. de Montréal avait écrit qu'en termes de connaissance de la vérité, il n'y avait que M. Darby pour devancer William Kelly[119] ». Kelly possédait des compétences linguistiques considérables, comme le montre son travail d'édition des écrits de Darby en anglais, français, allemand, néerlandais et italien. En revanche, il est quasiment impossible de prouver sa collaboration avec lui dans son travail de traduction de la version anglaise. Nous comprenons mieux les raisons pour lesquelles des sources d'informations essentielles sont nécessaires en vue d'identifier les collaborateurs de Darby dans ses différentes traductions, surtout celle en anglais.

La prochaine section présentera de manière chronologique l'histoire de la traduction de la Bible Darby en allemand, en français, en anglais, en néerlandais, en italien et en suédois.

---

117. *Ibid.*, italiques pour souligner.
118. *Le Messager Évangélique*, 1901, p. 414.
119. Cross, *The Irish Saint and Scholar*, p. 12.

2.4 L'histoire des traductions de la Bible faites par Darby

2.4.1 L'histoire de la version Darby en allemand

Le premier travail de traduction de la Bible par Darby fut une version du Nouveau Testament en allemand. Cette première édition fut publiée en 1855 ; la deuxième, en 1865 (ou en 1867 ; voir plus bas). C'est en 1871 que la Bible en entier fut publiée. Plusieurs révisions ont suivi, dont quelques-unes sont récentes. Un récit détaillé de ce travail est rapporté par G. W. Turner. Nous le citons dans son intégralité :

> La version Elberfelder Bibel a longtemps été considérée comme étant la traduction de la Bible la plus littérale disponible en allemand. Et tandis que la version Luther utilise un mélange de traduction mot à mot et de traduction interprétative, la version Elberfelder utilise uniquement la traduction mot à mot, en s'efforçant de reproduire le temps, la voix et le mode des verbes grecs, etc. La traduction du N. T. est basée principalement sur les textes critiques disponibles à cette époque, quoique le *Texte Reçu* ait été utilisé pour trancher les cas difficiles. C'est probablement grâce à l'impulsion de J. A. von Poseck que ce projet de traduction prit son envol[120]. Il avait déjà en 1851 traduit et fait parvenir quelques épîtres à Darby – qui se trouvait alors en Angleterre – pour qu'il les révise. Pendant son long séjour en Allemagne en 1854,

---

120. R. J. Buss écrit :
> Bien que Karl Brockhaus n'ait jamais eu la possibilité d'entreprendre des études supérieures en philosophie et en théologie, et quoiqu'il ne possédât aucune connaissance des langues anciennes, ses recherches intensives dans la Parole de Dieu, combinées à ses études comparatives des différentes versions bibliques néerlandaises et anglaises avec celle de Luther, lui permirent d'identifier plusieurs incohérences. Une conviction profonde s'est alors développée. Pour lui, cela ne faisait aucun doute : pour comprendre véritablement la pensée de Dieu, il fallait posséder une version littérale relativement exacte de la Bible. [...] Darby était anglais (irlandais) et il connaissait très peu la langue allemande. Bien que différents sous plusieurs aspects, ces deux hommes partageaient la même conviction qui les amena à répandre leur cœur devant Dieu dans la prière (Ehlert, *The Bible Collector*, vol. 9, p. 7).

Darby a travaillé sur la traduction avec J. A. von Poseck et Carl Brockhaus. Voulant au début traduire seulement les épîtres, ils ont par la suite changé d'idée et décidé de traduire tout le Nouveau Testament. Il est impossible de déterminer quelles portions du Nouveau Testament leur furent attribuées lors de la traduction. Il fut publié en entier (par Brockhaus) en 1855. Plusieurs éditions suivirent (dont 11 ont été publiées entre 1855 et 1901), auxquelles une quantité importante d'annotations ont été ajoutées (montrant les variantes textuelles des manuscrits). De plus, une légère amélioration fut apportée au texte afin de le rendre plus facile à lire en allemand (par ex., en remplaçant des participes par des expressions typiquement allemandes). Il est probable que Darby ait contribué à la révision des quatre premières éditions puisque celles-ci ont été publiées de son vivant. Rudolf Brockhaus et Emil Dönges sont, parmi tous les collaborateurs, ceux qui ont le plus contribué aux révisions. Darby, Carl Brockhaus, et Hermanus Cornelis Voorhoeve (un Néerlandais de Rotterdam) ont traduit l'Ancien Testament. Le travail de traduction débuta en 1869 pour se terminer en 1871 avec la publication de la Bible en entier. Seules des modifications mineures ont été apportées à l'Ancien Testament dans les éditions suivantes. Des mises à jour et des révisions importantes de la Bible Elberfelder ont été publiées en 1960, 1975, et 1985, dans lesquelles le Nouveau Testament est conforme au texte grec des éditions Nestle-Aland. La traduction protestante évangélique de la Bible Revidierte Elberfelder Bibel[121] de 1985 (publiée par la maison d'édition R. Brockhaus) demeure jusqu'à ce jour la version la plus littérale de la Bible dans cette langue. Cette version (R. Brockhaus) a ajouté des titres de chapitres ainsi que d'abondantes références en parallèle dans la marge. Depuis 1999, une « révision » différente de l'ancienne version de la Bible Elberfelder a été entreprise sous la direction de la Christliche Schriftenverbreitung[122] de Hückeswagen. Au début de cette révision, le Nouveau Testament se présentait sous une forme légèrement améliorée, le but étant d'éliminer les mots et

---

121. [Bible Elberfelder révisée], trad. libre.
122. [Diffusion des écrits chrétiens], trad. libre.

les phrases désuets, et d'améliorer l'exactitude de la traduction en le comparant au texte grec de la 27e édition de Nestle-Aland, sans toutefois suivre aveuglément ce texte critique moderne. En 2003, c'est toute la Bible qui apparaît sous cette forme révisée. Le but de l'équipe de traduction était de présenter une version aussi littérale que possible sans qu'elle soit difficile à lire et à comprendre. Le sens des mots grecs et hébreux, et des mots peu usités en allemand, est expliqué dans l'index, qui donne aussi la liste des mots importants du texte original traduits par des termes différents[123].

Nous avons déjà mentionné que Darby s'est rendu en Allemagne pour la première fois en septembre 1854[124]. Il avait répondu à l'invitation de son frère William, qui habitait Düsseldorf depuis 1848, et à celles de Julius von Poseck et des frères Carl et Ernst Brockhaus. La majeure partie du travail a été effectuée par Darby et von Poseck entre septembre 1854 et la fin de l'été 1855. Ce fut un travail astreignant et pénible. Trois mois environ après le début du travail de traduction, soit le 25 janvier 1855, Darby écrit à G. V. Wigram : « J'ai l'impression d'être prisonnier ici, mais j'espère qu'il en sortira quelque chose de bon. On en a terriblement besoin[125]. » Une fois la traduction terminée, on procéda à une première impression. Puis, après une révision, on fit une réimpression. Darby utilisait cette technique de révision jusqu'à ce qu'il soit satisfait[126]. En fait, il se montrait rarement satisfait de son travail de traduction, surtout dans le cas

---

123. Turner, *Unknown and Well Known*, p. 152.

124. Ischebeck, *John Nelson Darby, son temps et son œuvre*, p. 46. Il est probable que cette date corresponde à la première visite de Darby dans le cadre de son travail de traduction. Henry Pickering mentionne que c'est en 1853 que Darby a commencé son travail en Allemagne chez les baptistes. Il ajoute qu'ensuite Darby « a produit la Bible Elberfeld pour répondre au besoin des nouvelles assemblées naissantes à Düsseldorf, Elberfeld, etc. » (Henry Pickering, *Chiefmen among the Brethren* [Les principaux leaders parmi les Frères], trad. libre, Neptune, New Jersey, Loizeaux Brothers, Incorporated, 1995, p. 13).

125. Darby, *Letters of J. N. D.*, vol. 1, p. 240.

126. Dans une lettre écrite le 4 avril 1855 et envoyée à Pierre Schlumberger, Darby souligne son engagement à produire un travail de traduction de qualité plutôt que de ne

d'une première édition. En effet, environ un an après la publication de son Nouveau Testament en allemand, Darby écrit : « Ma traduction allemande a souffert de la précipitation avec laquelle elle a été imprimée[127]. »

Début avril 1855, la traduction du Nouveau Testament était presque terminée. À ce moment-là, il est clair que Darby pensait déjà à la traduction de l'Ancien Testament en allemand. Pourtant, il n'alla pas de l'avant. Dans une lettre écrite d'Elberfeld en avril 1855, il demande à Pierre Schlumberger : « Qui entreprendra l'Ancien Testament[128] ? » Que voulait dire Darby ? Était-il à la recherche de collaborateurs connaissant l'hébreu qui auraient pu l'assister, ou cherchait-il simplement un autre traducteur ? Toutefois, des lettres écrites entre novembre 1869 et mai 1870 montrent que Darby a finalement travaillé sur la traduction de l'Ancien Testament hébreu pour sa version allemande, aidé de « vrais » Allemands.

La principale préoccupation de Darby en tant que chrétien était de veiller sur le troupeau de Dieu et de prêcher Christ aux âmes perdues[129]. C'est pourquoi il a souvent considéré son travail de traduction comme un fardeau, puisqu'il l'empêchait de visiter les frères, surtout ceux qui étaient pauvres[130]. Mais c'est justement en raison de l'amour qu'il avait pour eux qu'il a persévéré dans le

---

pas s'investir à fond (*Le Messager Évangélique*, 1899, p. 156-158).

127. *Ibid.*, p. 280. Dans une autre lettre envoyée à Pierre Schlumberger le 9 octobre 1856, de Lausanne, Darby écrit que les baptistes lui ont proposé d'acheter l'édition tout entière (voir J. N. Darby, *Collection J. N. D., Lettres 1 à 262*, Chailly-Montreux, Suisse, Éditions Bibles et Littérature Chrétienne, 2014, p. 426).

128. *Le Messager Évangélique*, 1899, p. 120.

129. Voir, par exemple, cette lettre écrite de Lausanne et datée d'octobre 1860, dans laquelle Darby dit : « Si le Seigneur m'accorde suffisamment de temps en Angleterre, je ferai la révision de tout le Nouveau Testament et l'imprimerai. Toutefois, j'ai souvent des regrets de ne pas être plus actif dans l'œuvre, hésitant entre le travail local qui porte souvent beaucoup de fruits, et l'évangélisation où je suis toujours heureux » (Darby, *Letters of J. N. D.*, vol. 1, p. 301).

130. Dans une lettre écrite d'Elberfeld, en Allemagne, et datée d'octobre 1857, Darby confie à Pierre Schlumberger : « Je me hâte de quitter Elberfeld, non qu'il n'y ait pas à

travail de traduction. Dans une lettre destinée à G. V. Wigram, écrite d'Elberfeld le 20 avril 1855, il déclare :

> J'ai trouvé chez les frères tout l'amour, la tendresse et l'affection nécessaires à la réalisation de mon travail de traduction. Et même si ce dernier exigea de moi toute mon énergie, c'est néanmoins pour eux que je l'ai fait. Je peux donc en remettre les rênes à Dieu et tout lui confier pour la suite des événements. C'est vrai que cette traduction pourrait être meilleure, car il y a toujours place pour l'amélioration, mais je crois sincèrement qu'elle représente à ce jour ce qu'il y a de mieux et de plus exact. Contrairement aux autres versions disponibles, les frères pauvres trouvent que cette version est facile à lire et à comprendre[131].

Darby s'inquiétait aussi du prix de vente de son Nouveau Testament en allemand. Tandis que l'Ancien Testament de [W. M. L. ?] de Wette avec commentaires se vendait pour l'équivalent de 20 francs, Darby espérait que les frères pauvres pourraient acheter le sien pour moins d'un franc[132].

Une fois la traduction terminée, il fallait se consacrer au travail de révision. Sur ce dernier point, Darby était catégorique : il détestait cette partie du travail car elle nécessitait de sa part un investissement de temps considérable. Pourtant, il avait déjà écrit qu'il considérait son travail comme une œuvre d'amour pour les frères, surtout lorsqu'il était difficile. C'est pourquoi il se refusait toute forme d'égoïsme chaque fois qu'il voyait cette résistance entraver son travail[133]. Darby avait résolu dans son cœur de s'investir dans le travail de traduction, car il pensait que c'était la

---

faire, mais pour être ailleurs. Puis je tiens mes traductions pour une obligation et un peu comme un temps de pénitence, m'empêchant d'être à l'œuvre » (*Le Messager Évangélique*, 1899, p. 399). L'œuvre que Darby envisage ici est le fait de veiller sur le troupeau de Dieu et de prêcher la Parole.

131. Darby, *Letters of J. N. D.*, vol. 1, p. 243.
132. *Le Messager Évangélique*, 1899, p. 157.
133. *Ibid.*, p. 220.

volonté de Dieu pour sa vie. Il se voyait contraint par Dieu à faire ce travail, ajoutant toutefois cette précision : « mais seulement après l'œuvre directe pour les âmes[134] ». C'est clair, qu'à cette époque, même s'il le faisait pour les frères, Darby considérait que son travail de traduction avait une importance secondaire. Pour lui, l'expression « mais seulement après l'œuvre directe pour les âmes » se référait à son travail pastoral.

En 1860, soit cinq ans après la publication de sa première édition du Nouveau Testament en allemand, Darby écrit à un certain G. Gausby à propos de sa traduction de l'épître aux Romains en allemand : « Je crois, du moins je l'espère, avoir été clair[135]. » Ces paroles soulignent encore une fois l'attitude critique qu'il avait envers son propre travail de traduction. Puis, dans une lettre écrite de Lausanne le 2 septembre 1860, Darby confirme à G. V. Wigram son intention de publier sa deuxième édition du Nouveau Testament en allemand, étant donné qu'il ne restait « que 200 exemplaires de la première édition[136] ». Cette deuxième édition sera finalement publiée en 1867[137]. Apparemment, « G. V. Wigram est l'auteur de la préface de la première et de la deuxième édition du [Nouveau] Testament en allemand[138] ».

C'est à la fin de l'année 1857 que semble débuter la traduction en allemand de quelques sections de l'Ancien Testament[139]. Dans une lettre destinée à Pierre Schlumberger et écrite d'Elberfeld le 26 octobre 1857, Darby écrit : « Nous traduisons les Psaumes en

---

134. *Ibid.*, p. 257.
135. Darby, *Letters of J. N. D.*, vol. 1, p. 303.
136. *Ibid.*, p. 299. Voir aussi la page 304, où Darby écrit plus tard dans la même année que le tirage de la première édition de son Nouveau Testament en allemand est « presque entièrement épuisé ».
137. *Bible notes from the 1871 edition of the New Testament*, p. 4. D'autres sources mentionnent plutôt 1865. Par exemple, voir < http://www.martin-arhelger.de/bibel.htm > (page consultée le 7 avril 2014).
138. Huebner, *Precious Truths Revived and Defended Through J. N. Darby*, vol. 1, p. 216.
139. G. W. Turner affirme que « le travail de traduction débuta en 1869 et se termina en 1871 par la publication de toute la Bible » (Turner, *Unknown and Well Known*, p. 152-153).

allemand ; nous en sommes au Psaume 136[140]. » Cependant, à la même période, Darby traduisait en allemand ses *Études sur la Parole* (Nouveau Testament), travail qui allait considérablement ralentir celui de l'Ancien Testament. Pourtant, en janvier 1878, Darby écrit de Londres une autre lettre à Schlumberger pour lui annoncer qu'il venait de corriger la majeure partie des Psaumes, en prenant le soin de mentionner que M. « B. » était avec lui[141]. Un « Juif prussien converti » en avait précédemment fait la révision[142]. Elles seront publiées en allemand en 1859[143].

Ce n'est toutefois que dix ans plus tard, en novembre 1869, que débute véritablement le travail de traduction de tout l'Ancien Testament en allemand. G. W. Turner écrit que « l'Ancien Testament a été traduit par Darby, Carl Brockhaus, et Hermanus Cornelis Voorhoeve [*un Néerlandais de Rotterdam*][144] ». D'ailleurs, d'autres renseignements sont fournis par Darby dans une lettre écrite d'Elberfeld en novembre 1869 et envoyée à un certain M. « P. » : « Je pensais venir ici premièrement, où je m'occupe de traduction, ou plutôt de corrections, car j'ai refusé de traduire, la chose étant au-dessus de mes forces[145]. » Nous voyons ici que Darby révisait et corrigeait à partir de l'hébreu ce que Brockhaus et Voorhoeve avaient traduit, au lieu de traduire lui-même de l'hébreu à l'allemand. Son travail est une fois de plus dépeint comme pénible et contraignant. En effet, dans une lettre écrite en 1869 d'Elberfeld et postée à G. V. Biava, Darby écrit :

---

140. *Le Messager Évangélique*, 1899, p. 417. Dans une autre lettre écrite à Pierre Schlumberger au même moment et du même endroit, Darby souligne qu'environ un tiers de l'Ancien Testament a été traduit en allemand (*Ibid.*, p. 357-358).

141. Il est possible que ce soit Carl Brockhaus.

142. *Le Messager Évangélique*, 1899, p. 420.

143. *Bible notes from the 1871 edition of the New Testament*, p. 4. Voir aussi Ehlert, *The Bible Collector*, vol. 9, p. 8.

144. Turner, *Unknown and Well Known*, p. 153.

145. *Le Messager Évangélique*, 1894, p. 390.

> À l'exception de la semaine qui vient de se terminer aujourd'hui, nous étions occupés à traduire l'Ancien Testament[146]. Nous avons fini de traduire le livre d'Ésaïe et en sommes à la moitié du livre de Jérémie. De plus, nous avons trois réunions par semaine, dont une le jour du Seigneur. Cette situation ne m'enchante guère puisque je n'ai aucune communion fraternelle et qu'il m'est impossible de faire l'œuvre du Seigneur, car de neuf heures le matin jusqu'à onze heures le soir, je consacre tout mon temps à la traduction, de sorte que je ne puis visiter les frères[147].

Comme mentionné précédemment, Darby exprime encore ici son désir et son besoin d'être avec les frères et de contribuer à leur édification. Il semble que cet emploi du temps très chargé ait duré quelques semaines. En décembre 1869, Darby posta d'Elberfeld une lettre à son ami Pierre Schlumberger, dans laquelle il écrit :

> Depuis longtemps je pensais vous écrire, mais, en effet, je suis occupé du matin jusqu'au soir, souvent jusqu'à minuit. [...] Je suis déjà fort avancé dans mon travail ici et j'espère en avoir fini au bout de deux mois ou deux mois et demi, pour ce qui concerne ma part dans ce travail. Ésaïe, Jérémie, Ézéchiel, Daniel, Osée et les Psaumes sont terminés. Les livres historiques sont beaucoup plus faciles ; Job et les Proverbes nous donneront un peu plus de fil à retordre[148].

Au sujet de la traduction de l'Ancien Testament en allemand, Darby a écrit plusieurs lettres entre décembre 1869 et janvier 1870. Une lecture chronologique y révèle l'état d'âme

---

146. Bien que la langue dans laquelle l'Ancien Testament était traduit ne soit pas clairement indiquée dans cette lettre, la date et la mention des livres d'Ésaïe et de Jérémie suggèrent fortement que Darby parlait de l'allemand. Quelques autres lettres écrites par lui, dans lesquelles il mentionne ces livres, sont toutes en lien avec sa traduction en allemand (voir Darby, *Letters of J. N. D.*, vol. 2, p. 58, 60).
147. *Ibid.*, p. 56-57.
148. *Le Messager Évangélique*, 1923, p. 136.

de Darby à mesure que le travail progressait. Par exemple, en décembre 1869, à un correspondant inconnu, Darby écrit :

> Je me suis plongé dans l'hébreu, ce qui est très utile pour moi, quoique ce travail minutieux prenne plus de temps que je ne l'avais estimé, et j'avoue ne pas savoir quand je pourrai l'achever, tout comme le Testament en anglais[149]. Mais je suis confiant que le Seigneur me guidera. Ils sont tous très inquiets de ce que je ne puisse pas mener à bien ce projet, mais en ce qui me concerne, ça va très bien. Les livres d'Ésaïe, de Jérémie et des Lamentations de Jérémie sont achevés, et nous avons terminé les 17 premiers chapitres d'Ézéchiel. Malgré cela, c'est une tâche colossale qui nous attend ! Les livres historiques sont, tout compte fait, faciles à traduire, et les Psaumes sont terminés[150].

Cette dernière citation exprime bien la difficulté de la tâche et le stress que vivaient les traducteurs. Dans une lettre écrite le 3 janvier 1870 d'Elberfeld, adressée à un certain G. (C. ?) Wolston, Darby écrit :

> J'ai entrepris de corriger, à partir de l'hébreu, une version de l'Ancien Testament en allemand, et j'ai terminé les Prophètes en un ou deux jours de travail, du moins de façon satisfaisante, je l'espère. Ce travail accapare tout mon temps, mais je sens que le Seigneur m'accompagne dans toutes les étapes […] Je suis exténué et j'ai hâte de finir le plus vite possible afin de passer à autre chose[151].

Darby, le même jour et du même endroit, écrit une autre lettre à un certain A. Wells :

---

149. Il est probable que Darby parle de son travail de traduction de la deuxième édition du Nouveau Testament en anglais.
150. Darby, *Letters of J. N. D.*, vol. 2, p. 58.
151. *Ibid.*, p. 60.

J'ai peu d'espoir de me rendre à Guelph cette année ; je ne peux rien prévoir. S'il fait beau, ce voyage me fera du bien, ce n'est pas un problème. Mais pour l'instant, je suis vraiment enfermé dans mon travail. Je corrige toute la traduction de l'Ancien Testament en allemand, à partir de l'hébreu, et non à partir de la version Luther, que je considère comme mauvaise[152].

Une semaine plus tard, le 10 janvier, toujours d'Elberfeld, Darby écrit :

Je dois dire que j'ai hâte de retourner en Angleterre d'où je suis parti depuis longtemps, mais cela se fera dans le temps du Seigneur. Je travaille seul de 7 h à 9 h le matin et je déjeune aussi seul. Puis je me joins aux autres de 9 h à 12 h 30 et de 15 h à 19 h 30 pour la traduction. Ensuite, je reprends quelques passages difficiles sur lesquels je travaille seul. Je suis souvent occupé jusqu'à minuit à écrire des lettres et régler diverses choses. Je ne perds pas mon temps[153] !

Ces lettres montrent bien l'horaire extrêmement chargé qui réglait son travail de traduction, et qui l'amenait parfois à travailler seul sur des passages difficiles qu'il avait lui-même choisis. Nul doute que sa vaste érudition lui fut très utile. Mais avant d'aller plus loin, soulignons que Darby faisait entièrement confiance à Dieu et comptait sur lui pour qu'il le dirige dans tout ce qu'il entreprenait, et cela malgré l'inquiétude et le mécontentement qu'il pouvait ressentir.

Nous avons montré plus haut que, tout au long de son travail de traduction, Darby était incapable de détourner son regard des besoins pressants que représentaient le travail pastoral et l'évangélisation. La prochaine citation illustre parfaitement cette dualité. Elle provient d'une lettre que Darby a écrite en 1870, d'Elberfeld, à un certain H. M. Hooke :

---

152. *Ibid.*, p. 61.
153. *Ibid.*, p. 63.

Dans un monde qui devient de plus en plus mauvais, mon travail est d'annoncer la Bonne Nouvelle (qui brise les chaînes du péché et de la mort) aux âmes perdues, et plus que jamais, par la force que le Seigneur me donne, de donner tant dans sa forme que dans son exactitude, la Parole de Dieu à tous ceux qui professent son noM. L'œuvre de Dieu s'est rapidement propagée, et les chrétiens ont grandement besoin d'être édifiés. En outre, je me suis lancé avec toute l'aide dont je dispose dans la correction, à partir de l'hébreu, de tout l'Ancien Testament. Cette œuvre n'a rien pour attirer les regards, mais je crois qu'elle sera utile à tous les croyants. L'ancienne version de l'Ancien Testament est pleine d'erreurs et certains traducteurs ont trahi la Parole de Dieu. Nous avons traduit (je suis aidé par des collaborateurs connaissant bien l'allemand) les Prophètes, Job (qui est le plus difficile de tous), et nous progressons bien en ce qui concerne les autres livres, la section historique étant la plus facile. J'ai fait les Psaumes pour eux il y a quelques années[154]. Je vois la main de Dieu qui, dans sa grâce, nous permet de progresser dans notre travail. J'en suis très satisfait, mais un peu inquiet concernant la date où le tout sera terminé […] C'est très volontiers que j'accomplis ce travail, sachant que dans ces derniers jours, les frères devraient avoir en leur possession la Parole de Dieu dans une version aussi exacte que possible. Notre but est de la rendre accessible à tous les croyants en général, y compris les pauvres, car ils seront toujours parmi eux. Et même avec le peu de connaissance que j'ai du grec et de l'hébreu, etc., j'estime que je sers le Seigneur et que je donne à ceux qui n'ont pas ces connaissances une version de la Bible aussi proche que possible de l'original[155].

« Les derniers kilomètres sont toujours les plus difficiles ! » Ce proverbe français résume bien l'état d'esprit de Darby lors de son travail de traduction en allemand. Dans une lettre au regretté G. V. Wigram, datée de janvier 1870, Darby écrit d'Elberfeld :

---

154. C'est-à-dire en 1865.
155. Darby, *Letters of J. N. D.*, vol. 2, p. 65.

Le projet de traduction de la Bible en allemand avance très lentement. Nous sommes, ou étions, au cœur de la partie la plus difficile, et voilà que mon principal assistant allemand est souffrant. Si son absence se prolonge, je devrai rentrer en Angleterre[156] et le terminer plus tard, mais je ne veux pas trop m'écarter de la ligne directrice que je me suis donnée. Nous avons terminé la traduction des livres ou des sections les plus difficiles, à moins que le livre des Proverbes entre aussi dans cette catégorie[157].

Le travail fut finalement achevé en avril ou mai 1870. Dans une lettre à Pierre Schlumberger, Darby confie que, par la bonté de Dieu, il espérait que son travail puisse être utile[158]. Durant les mois suivants, Darby prépara la troisième édition de son Nouveau Testament en allemand en modifiant le texte à partir des mêmes corrections mineures apportées aussi à ses versions anglaise et française du Nouveau Testament. L'impression de la première Bible *Elberfelder* complète en allemand débuta en mars 1871 et elle fut publiée plus tard dans l'année. De Londres, en mars 1871, Darby écrit, dans une lettre à un certain M. P. :

> Nous imprimons la seconde édition du Nouveau Testament français, avec les corrections et notes nouvellement ajoutées de la seconde édition anglaise, la troisième édition allemande, avec les mêmes corrections, ainsi que l'Ancien Testament que j'avais traduit la dernière fois que j'étais en Allemagne[159].

---

156. Apparemment, c'est ce qu'il a fait, mais cinq mois plus tard. Ce renseignement apparaît dans une lettre adressée à Pierre Schlumberger et postée d'Angleterre en avril ou mai 1870 (voir *Le Messager Évangélique*, 1901, p. 438).

157. Darby, *Letters of J. N. D.*, vol. 2, p. 67.

158. *Le Messager Évangélique*, 1901, p. 438.

159. *Ibid.*, 1894, p. 439. Arnold D. Ehlert écrit : « Nous apprenons dans la onzième édition publiée par Brockhaus que cette première édition de l'Ancien Testament fut publiée avec la troisième édition du Nouveau Testament. Nous apprenons aussi qu'il y a eu une deuxième édition de la Bible en 1891, alors qu'une deuxième édition du Nouveau Testament fut publiée en 1865 et qu'une septième et huitième édition le fut en 1891 » (Ehlert, *The Bible Collector*, vol. 10, p. 4).

Puis, environ un an plus tard, en février 1872, Darby écrit de Nîmes une lettre à G. (C. ?) Brockhaus, dans laquelle il lui dit en toute humilité :

> J'espère que la Bible est utile et qu'elle sera bénie de Dieu. Il me semble que j'ai été audacieux dans ce projet, mais je l'ai fait pour Dieu et pour les frères. Cela me procurerait beaucoup de bonheur si je savais que l'ensemble de la traduction était jugé et déclaré exacte par quelqu'un de compétent dans ce domaine. Mais tout repose entre les mains de Dieu[160].

Un mot caractérise Darby et son travail de traduction : l'humilité, comme le révèle cette autre lettre, écrite de Nouvelle-Zélande le 25 octobre 1865 : « En ce qui concerne mon travail de traduction, même si je suis reconnaissant du privilège de pouvoir donner la Parole Dieu aux autres, je n'ai été – et ne serai toujours – qu'un "coupeur de bois et un puiseur d'eau"[161]. » Puis, en 1890, soit environ huit ans après la mort de Darby, une traduction de l'Ancien Testament en anglais fut réalisée à partir d'une étude du texte hébreu et d'une comparaison des traductions de Darby en français et en allemand.

Le travail considérable fourni par Darby pour finir sa traduction en allemand lui a sans aucun doute bien servi pour ses autres traductions en français et en anglais, qu'il effectuait quelquefois en parallèle. La prochaine section présentera l'histoire de la version *Darby* en français.

2.4.2 L'histoire de la version Darby en français

Nous avons vu précédemment que Darby a fait ses premiers pas pour la traduction de la Bible en français en travaillant sur la version de Lausanne du Nouveau Testament. De novembre

---

160. Darby, *Letters of J. N. D.*, vol. 2, p. 157.
161. *Ibid.*, vol. 2, p. 358.

1845 à décembre 1846, Darby a collaboré à la deuxième édition de cette version en envoyant des notes critiques aux éditeurs. Et alors qu'il travaillait à sa première édition du Nouveau Testament en allemand, Darby écrit dans une lettre datée de janvier 1855, adressée à Pierre Schlumberger et postée : « La traduction française n'est pas aussi nécessaire que l'allemande, mais ce serait beau d'en avoir une pareille en français[162]. » Il semble bien que Darby ne connaissait pas très bien les versions françaises de l'époque. Mais quatre ans plus tard, en 1859, son opinion change radicalement : « Toutes les traductions de la Bible en français sont médiocres[163]. »

Il est difficile de déterminer avec précision la date du début de la traduction du Nouveau Testament en français. D'après certaines lettres, cela remonterait à 1856. Dans deux lettres adressées à Pierre Schlumberger – un collaborateur de la première heure à la version française – Darby écrit, de Lausanne, le 9 octobre 1856 : « J'espère, cher frère, vous voir cet hiver. Je tiens un peu à achever notre traduction, et je compte que vous serez à même de m'aider[164]. » Puis, le 18 décembre 1856, il écrit : « Je viendrai, Dieu voulant, directement à Pau, mon désir étant d'achever si possible la traduction du Nouveau Testament[165]. » Bien que Pau soit la ville où se faisait la traduction en français et que Pierre Schlumberger en soit le principal collaborateur, rien n'indique si Darby parlait de sa traduction en français ou en anglais. Tout ce que nous pouvons dire de cette traduction « inconnue », c'est qu'elle était commencée et devait être achevée. Dans une autre lettre – écrite, celle-ci, de Dillenburg[166] en 1857 – à un certain M. « L. B. », Darby dit :

---

162. *Le Messager Évangélique*, 1899, p. 76.
163. Kelly, *The Collected Writings of John Nelson Darby*, vol. 14, p. 16.
164. *Le Messager Évangélique*, 1899, p. 279.
165. *Ibid.*, p. 297.
166. Écrit « Dillenbourg » dans le document original.

Vous comprendrez bien que le temps m'ait fait défaut tous ces jours-ci, car j'ai dû m'occuper de la traduction du Nouveau Testament. Elle est aujourd'hui terminée et avant d'entreprendre avec la même assiduité la tâche de la révision, déjà d'ailleurs à moitié faite, j'ai quelques moments pour vous écrire. Je m'étonne de ma tranquillité à l'égard de cette traduction, j'espère que c'est un signe que Dieu est avec moi. Nous l'avons faite, je le crois, avec beaucoup de soin – c'était un devoir évident –, mais je n'ai jamais eu un moment de souci ni d'inquiétude. Je ressentais un peu au commencement mon éloignement du travail actif du cœur au milieu des frères ; mais Dieu m'a soulagé de ce poids en le lui présentant après les premiers jours ; et j'ai fait ma tâche journalière sans autre sentiment que le désir de la bien faire[167].

De quelle version *Darby* parlait-il ? de la version anglaise ou de la version française ? Ce n'est pas clair. Tout ce qu'il dit, c'est qu'elle est terminée et prête pour la révision. Toutefois, deux lettres écrites peu de temps après celle de Dillenburg montrent que sa traduction n'était pas terminée. D'abord, de Pau, le 23 mars 1857, il écrit à un certain M. « M. » : « Je suis très occupé, mais c'est un plaisir pour moi de communiquer ainsi avec vous. Nous n'avons plus, pour ce qui est de notre traduction, qu'à terminer les Actes et l'Apocalypse, de sorte que, Dieu aidant, elle sera bientôt prête. Il faudra naturellement tout relire[168]. » Ensuite, à nouveau de Pau, le 5 avril, Darby écrit à M. « B. R. » : « Sauf une partie de l'Apocalypse, laissée inachevée l'année passée, notre traduction sera, Dieu aidant, terminée demain, mais nous la relirons[169]. » Darby parlait-il de deux traductions différentes ? C'est possible, puisqu'il lui arrivait de travailler simultanément sur plusieurs projets de traduction.

---

167. *Le Messager Évangélique*, 1893, p. 197-198.
168. *Ibid.*, 1891, p. 135.
169. *Ibid.*, 1897, p. 40.

L'expression « laissée inachevée *l'année passée* » nous ramène à la fin de l'année 1856, au moment où Darby désirait se rendre à Pau pour finir la traduction du Nouveau Testament (voir plus haut). Par conséquent, il est possible qu'il ait commencé sa traduction en français avec l'aide de Pierre Schlumberger entre le début de l'an 1855 et l'automne de 1856, avec l'espoir de la terminer au début de l'année 1857. Il se peut aussi que, mécontent de la traduction faite en 1856 du livre des Actes et de l'Apocalypse, il ait décidé de les mettre de côté temporairement, avec l'idée de les réexaminer dans l'hiver – ou au printemps de 1857, étape qui serait suivie de la révision et de la correction.

Toutefois, quelques historiens et biographes pensent que Darby a travaillé sur sa version en français pendant qu'il se trouvait à Londres, durant les années 1858 et 1859. Gustav Ischebeck écrit : « De janvier 1858 jusqu'en été 1860, Darby est en Angleterre[170]. » Ce renseignement est corroboré par Frédéric Cuendet :

> Durant les années 1858 et 1859, il passa la majeure partie de son temps à Londres, à travailler sur une nouvelle version française du Nouveau Testament, qui fut publiée à Vevey en 1859 […] Darby s'établit à Londres[171] en 1858 dans une maison d'où il ne s'absentait que pour ses voyages[172].

Pierre Blond ajoute un commentaire intéressant : « Mais outre la profonde amitié qui liait Darby à P. Schlumberger, la ville de Pau a joué un rôle important dans la vie de J. N. Darby, car *c'est dans cette ville* que, avec le concours de frères qualifiés, il se consacra *chaque hiver*[173] à sa traduction du Nouveau Testament

---

170. Ischebeck, *John Nelson Darby, son temps et son œuvre*, p. 46-47.
171. Au numéro 3 à Lonsdale Square.
172. Cuendet, *Souvenez-vous de vos conducteurs*, p. 35, 38.
173. Darby confirme ces sessions d'hiver dans une lettre envoyée à Pierre Schlumberger le 9 octobre 1856 : « Cher frère, j'espère te voir l'hiver prochain » (*Le Messager Évangélique*, 1899, p. 279), faisant ici allusion à celui de 1857. Voir aussi Ladrierre, *L'Église : une esquisse de son histoire pendant vingt siècles*, vol. 3, p. 366.

(publiée en 1859)[174] ». Au premier abord, on serait tenté de croire que l'affirmation de Blond contredit celles d'Ischebeck et de Cuendet. Au contraire, elles sont complémentaires. Darby a travaillé en partie à Londres et en partie ailleurs. Cuendet explique :

> Nous avons mentionné plus haut que Darby a fait plusieurs traductions et éditions de la Bible. Son travail de traduction se faisait en deux étapes. Il faisait premièrement une traduction plus ou moins littérale, en général à Londres, mais il pouvait aussi y travailler lorsqu'il était en voyage. Deuxièmement, il terminait son travail à Vevey, Pau ou Elberfeld, entouré de frères qui connaissaient la langue dans laquelle la traduction était faite[175].

Ainsi, il semble que Darby a commencé à traduire le Nouveau Testament en français, du moins en partie, en 1856, avec l'espoir de le terminer dans la première moitié de 1857. Mais trois autres lettres, l'une à la fin de l'année 1857 et les deux autres au début de l'an 1858, écrites d'Angleterre par Darby et adressées à Pierre Schlumberger, montrent que le travail de traduction n'a pas été achevé avant la fin de l'année 1857. Il dit dans sa première lettre :

> En traduisant le Nouveau Testament en français, je ne puis naturellement prétendre à la correction du style, la langue n'étant pas ma langue maternelle, mais il y a d'autres cas où l'on veut changer ce qui est dit pour l'adapter au français. – Là je suis inexorable. – Je fais ce travail seulement, cela est évident, pour que les frères possèdent (et d'autres, s'ils le veulent) ce qui est dit, ce qu'ils n'ont pas dans les autres traductions. – Si la version de Lausanne avait donné la vraie force du Nouveau Testament, il est de toute évidence que ce n'aurait pas été mon affaire de corriger le style, même si je

---

174. Pierre Blond, *Les Assemblées de Frères : un siècle et demi d'histoire (1827-1977)*, Bruxelles, Belgique, Faculté de Théologie Protestante, 1977, p. 69, italiques pour souligner.
175. Cuendet, *Souvenez-vous de vos conducteurs*, p. 83.

le trouvais très laid[176] [...] J'espère que nous nous sommes tirés d'affaire ; mais je préfèrerais renoncer tout à fait à ce travail que de changer ce qui est dit. Je crois que, malgré quelques taches, notre traduction sera un immense progrès[177].

Darby confirme dans cette lettre qu'il travaillait toujours, à la fin de l'année 1857, sur la traduction en français du Nouveau Testament. Puis, dans sa deuxième lettre, écrite seulement quelques semaines plus tard, en janvier 1858, il écrit : « Voilà, cher frère, les corrections d'une feuille, plus les remarques de N.[178] » Une note de l'éditeur du *Messager Évangélique* indique que Darby parlait de la traduction de 1 Corinthiens, probablement en français. Enfin, dans sa troisième lettre, rédigée un mois plus tard, en février 1858, Darby écrit : « Le jour de mon départ, "R." m'a envoyé quelques remarques au sujet de notre traduction[179]. » À nouveau ici, l'éditeur du *Messager Évangélique*, dans une note, indique que Darby se référait à la première édition du Nouveau Testament en français.

Il est clair, qu'à la fin de l'an 1856, Darby avait déjà commencé la traduction du Nouveau Testament en français, qui allait se poursuivre jusqu'au printemps de 1859. En effet, Darby confirme, dans une lettre envoyée à William Kelly, écrite de Londres et datée du 5 mars de la même année, qu'il « a terminé la version française[180] ». La traduction du Nouveau Testament en français a été une tâche très difficile pour Darby. Il avait presque 60 ans lorsque la première édition fut publiée, et son travail avait

---

176. Dans une lettre envoyée de Londres en 1859 à Pierre Schlumberger, Darby se plaint de la très mauvaise influence que la version de Lausanne a eue sur l'un de ses collaborateurs (M. « R. »). Il la qualifie « de piètre qualité » (*Le Messager Évangélique*, 1900, p. 40).
177. *Ibid.*, 1899, p. 418-419.
178. *Ibid.*, p. 420.
179. *Ibid.*, p. 440.
180. Darby, *Letters of J. N. D.*, vol. 3, p. 315.

laissé des traces sur sa santé. De Londres, en mars 1859, il écrit à nouveau à un M. « M. » :

> L'impression de la traduction du Nouveau Testament est achevée, ou s'achève en ce moment, et la préface, les errata, etc., seront plus faciles lors de ma venue que par lettre. Paix vous soit, bien-aimé frère. Quant à ma santé, je vous remercie d'y avoir pensé. Je vais bien mais le travail m'a fatigué corporellement, et la grippe a ajouté à cette fatigue. À Londres, le travail est énorme. Outre les articles pour les publications des frères, la correspondance, etc., je travaille habituellement de 5 heures du matin à 11 heures du soir, et je ne suis plus jeune. Ce que je trouve fatigant, c'est que cela ne cesse pas un instant[181].

Cependant, ce n'est pas en vain que Darby a travaillé. C'est sous le titre *Les livres saints connus sous le nom de Nouveau Testament (version nouvelle)* que cette première édition de son Nouveau Testament en français est publiée entre le printemps et l'été de 1859. Celle-ci est peut-être mieux connue sous le nom de « version Pau-Vevey », d'après le nom des villes où elle fut achevée (Pau) et imprimée (Vevey).

Environ six ans plus tard, en 1865, le tirage de cette édition se trouve presque entièrement épuisé[182]. Il est clair que Darby, à ce moment-là, pensait déjà à la publication d'une nouvelle édition. En 1866, alors qu'il est en Amérique, le projet d'une Bible en quatre langues (grec, anglais, français et allemand) parvient à ses oreilles, et l'idée lui traverse l'esprit d'y inclure sa nouvelle édition en français[183]. Il décide finalement de ne pas se joindre à ce projet[184]. De retour à Londres, il débute autour de juin 1866

---

181. *Le Messager Évangélique*, 1891, p. 191.
182. *Ibid.*, 1901, p. 220.
183. *Ibid.*, p. 318.
184. Il est intéressant de noter qu'une version en quatre langues fut publiée en 1866 par Schaefer & Koradi (imprimeur allemand), contenant le texte grec, la Vulgate, la version de Luther en allemand et la *Version autorisée* en anglais.

le travail de la deuxième édition en français. Dans une lettre envoyée de Londres à G. Biava, Darby écrit : « Depuis que je suis ici, j'ai en ma possession toutes les corrections détaillées de la nouvelle édition française du Nouveau Testament[185]. » Puis, dans une lettre datée du 10 août 1868 et envoyée de Londres à M. « B. », Darby mentionne que le tirage de la première édition de la version Pau-Vevey est épuisé. Il mentionne aussi dans la même lettre, qu'en raison de quelques projets de voyage, il ne pourrait, comme prévu, terminer la préparation de la nouvelle édition[186].

En décembre 1869, Darby est à Elberfeld et travaille sur les trois premiers Évangiles[187]. Il en profite pour dire à Pierre Schlumberger, qu'aussitôt rentré en Angleterre, il les lui fera parvenir, de même que le reste du Nouveau Testament, à mesure qu'il sera prêt. Il semble que les corrections appliquées à la deuxième édition française, du moins en partie, proviennent de celles apportées à la deuxième édition de la version anglaise de Darby du Nouveau Testament[188]. En 1870, d'Elberfeld, Darby écrit à H. M. Hooke : « Les trois Évangiles que j'ai en main sont prêts, et comme le tirage de la première édition française est épuisé, les Français attendent les corrections de la version en anglais[189]. » Dans une autre lettre écrite de Londres, environ onze mois plus tard, le 22 novembre 1870, et envoyée à G. Biava, Darby écrit : « C'est en hâte que j'ai écrit, car de sept heures jusqu'à minuit, je suis toujours au travail : j'ai des réunions chaque jour, et des travaux de toute sorte pour corriger, souvent en même temps, les nouvelles éditions anglaise et française du Nouveau Testament[190]. » Consacrer toute son énergie à une seule traduction du Nouveau Testament représente en soi le travail de toute une vie.

---

185. Darby, *Letters of J. N. D.*, vol. 1, p. 451.
186. *Le Messager Évangélique*, 1896, p. 34-40.
187. Selon une note de l'éditeur du *Messager Évangélique*, 1923, p. 136.
188. *Ibid.*, 1894, p. 439.
189. Darby, *Letters of J. N. D.*, vol. 2, p. 65.
190. *Ibid.*, p. 101.

Mais que penser du fait que Darby ait fait plusieurs traductions et produit des nouvelles éditions de ses traductions, sans oublier qu'il a travaillé sur deux (et parfois, probablement plusieurs) éditions en même temps ? Ce n'est donc pas étonnant, qu'en 1871, Darby tienne à un certain J. Dunlop les propos suivants :

> J'ai été tellement absorbé par mon travail de traduction que cela m'a éloigné de l'intérêt qui est le mien pour l'œuvre véritable, non pas en ce qui concerne mon cœur, mais par rapport à ma communion de cœur avec Christ. Mais je suis reconnaissant que ce travail soit presque terminé[191].

L'impression de la deuxième édition de la version *Darby* du Nouveau Testament en français débuta en mars 1871[192] et elle fut publiée en 1872.

Dans son livre sur l'histoire de la Bible française, Daniel Lortsch écrit que la traduction de Darby du Nouveau Testament en français a suivi les mêmes principes que la version de Lausanne. Il mentionne également que Darby avait largement utilisé cette version à ses fins et que, parce que son approche littérale lui était supérieure, plus scientifique, et souvent plus réussie, il avait pu en éviter ses faiblesses[193]. Cette information est attestée en partie dans le livre de Louis Burnier consacré à l'histoire de la version de Lausanne. Il écrit que Darby s'est « approprié notre travail selon [sa] convenance[194] ». Et quoique la première édition de sa traduction en français se soit partiellement basée sur la version de Lausanne, la deuxième, en revanche, est le résultat d'une traduction indépendante basée sur le travail critique de Darby lui-même sur le texte grec. Darby a fait en 1875 et 1878 deux autres révisions de sa version française du Nouveau Testament,

---

191. *Ibid.*, p. 124.
192. *Le Messager Évangélique*, 1894, p. 439.
193. Lortsch, *Histoire de la Bible en France*, p. 148.
194. Burnier, *La Version du Nouveau Testament dite de Lausanne*, p. 128.

y apportant des corrections mineures à partir de manuscrits récemment découverts[195]. Cette traduction fut grandement appréciée des érudits de son époque. Lortsch rapporte le compte rendu d'une discussion d'un certain Ch. Porret :

> Un jour, alors que je discutais avec Frédéric Godet [*un érudit français bien connu*] au sujet de quelques versions de la Bible, il me dit : « Voici une version où chaque fois que je la consulte, je suis d'accord avec pratiquement tout ce que j'y lis. » Au même instant, il me montra un petit livre sur lequel étaient inscrits les mots « Pau-Vevey ». Il fut très surpris d'apprendre que c'était la traduction de Monsieur Darby[196].

Insatisfait de n'avoir traduit que le Nouveau Testament en français, Darby veut aussi traduire l'Ancien Testament. Toutefois, il est difficile d'établir avec exactitude la date du début de la traduction. Dans une lettre postée de Boston et datée de novembre 1876, Darby écrit à Pierre Schlumberger : « La traduction de l'Ancien Testament est une grande œuvre ; je regarde en arrière avec étonnement en pensant à la traduction allemande[197]. » Mais malgré cette « grande œuvre », Darby a aussi traduit l'Ancien Testament en français. Quelques sources indiquent, qu'au milieu de l'année 1878, la traduction avait déjà débuté. Le 26 août de cette même année, de Londres, Darby écrit à Pierre Schlumberger :

> J'ai l'idée de m'occuper des livres difficiles de l'Ancien Testament, car je puis examiner ici tranquillement toutes les questions qui s'y rattachent. Aujourd'hui, j'ai commencé Job, le plus difficile de tous.

---

195. Dans une lettre écrite de Londres le 7 avril 1878, Darby dit à Pierre Schlumberger : « Je corrige ma traduction anglaise du Nouveau Testament ; ce ne sont que quelques leçons changées, et par-ci par-là un mot plus clair ou quelques petites fautes corrigées. Je vous le dis, parce que cela vous regarde en vue du français » (*Le Messager Évangélique*, 1902, p. 300).

196. Lortsch, *Histoire de la Bible en France*, p. 148.

197. *Le Messager Évangélique*, 1902, p. 259.

> La partie historique ne présente aucune difficulté importante ; quelques-uns des prophètes n'en manquent pas. Avec Dieu, tout peut se faire. Seul ici je puis faire beaucoup plus qu'en voyageant, et quoique je sois avec joie le serviteur de tous les frères, je trouve que la solitude avec Dieu est un grand repos[198].

Lorsque Darby commence ses propres traductions au début de la cinquantaine, il considère ce travail comme un temps de pénitence, puisqu'il l'empêche de jouir de la communion fraternelle, d'effectuer un travail pastoral et d'évangéliser[199]. Il change cependant d'avis vers la fin de sa vie. En effet, il apprécie davantage son travail de traduction, en l'envisageant comme un temps de solitude et d'intimité avec Dieu pour goûter le repos et le réconfort. C'est ce qu'il écrit en 1879, dans une lettre envoyée de Londres et adressée à un certain M. « L. » : « Vous pouvez comprendre que le surcroît d'ouvrage occasionné par la traduction de la Bible ne me laisse guère de temps disponible, mais je suis heureux dans la pensée que je fais en cela la volonté de Dieu, et jouir de sa présence est tout ce que l'on peut désirer[200]. »

Au cours de l'année 1879, suivant son déménagement à Pau, Darby écrit dans une lettre à un certain Dr Cronin[201] :

> Je travaille dur à la traduction. J'ai conscience que Dieu est avec moi, et que je suis dans sa volonté en venant ici, ce qui est toujours d'un grand réconfort, non seulement dans le service actuel, mais aussi dans tout ce que nous abandonnons entre ses mains. Je sais bien qu'en tout temps et en toute circonstance, nous devons renoncer à toute chose et nous attendre à lui, sachant que c'est pour notre

---

198. *Ibid.*, p. 359.
199. Par exemple, voir *Le Messager Évangélique*, 1899, p. 399.
200. *Ibid.*, 1914, p. 177.
201. Allusion probable à Edward Cronin, l'un des cinq fondateurs du mouvement des Frères (voir la note de bas de page 6 au chapitre 1).

bien qu'il va agir. C'est seulement lorsque nous sommes dans le chemin de sa volonté que le cœur peut agir ainsi[202].

Dans une autre lettre écrite du même endroit et à peu près à la même période, Darby mentionne à un certain C. Crain que le travail de traduction de l'Ancien Testament en français fut très difficile et très laborieux, et en soi très peu nourrissant pour l'âme. Il a néanmoins reconnu qu'il avait beaucoup appris de son travail et que sa connaissance intime de la Parole de Dieu avait gagné en précision[203].

À partir de là, Darby a mis six mois de plus pour achever la traduction de l'Ancien Testament en français : « Ces six derniers mois, j'ai été occupé à traduire l'Ancien Testament en français. Il est pratiquement achevé » (d'une lettre envoyée à un certain M. Rule, depuis Pau)[204]. Il semble que le travail de révision ait duré un peu moins de deux ans, de novembre 1879 à octobre 1881. Des extraits de la correspondance de Darby nous aident à comprendre de quelle manière le travail de révision de la version française de l'Ancien Testament s'est déroulé, d'un point de vue chronologique :

> « Je serai à Pau pour quelque temps encore afin de réviser notre traduction » (à un certain B. F. Pinkerton, le 1er novembre 1879)[205].

> « Présentement, les jours passent et se ressemblent tous. Je suis toujours en train de réviser notre version française. En revanche, la Parole de Dieu est toujours vivante et actuelle » (à un certain M. Spignio, le 20 novembre 1879)[206].

---

202. Darby, *Letters of J. N. D.*, vol. 2, p. 471.
203. *Ibid.*, vol. 3, p. 1.
204. *Ibid.*, p. 7.
205. *Ibid.*, p. 48.
206. *Ibid.*, p. 52.

« Je vous envoie encore une feuille de la traduction[207] ; elle m'éclaire toujours plus moi-même et je trouve davantage les trésors de la Parole » (à Pierre Schlumberger, de Londres, en février 1880)[208].

« J'ai été excessivement occupé, tout particulièrement à la révision de la traduction française de l'Ancien Testament, ce qui a retardé ma réponse à votre lettre. Puis j'ai été malade de la goutte, à la suite de trop de fatigue » (à un certain M. « M. », de Reading, en mars 1880)[209].

« Nous imprimons la version française de l'Ancien Testament. Je ne sais pas combien de temps cela va durer. C'est important de corriger les épreuves avec précision. Mais le temps et les efforts consacrés à l'examen et à la révision des textes font en sorte qu'il ne devrait plus y avoir de retard » (à nouveau à M. « M. », de Ventnor, en décembre 1880)[210].

« Maintenant il est temps de vous écrire. Ce n'est pas par manque d'intérêt que je ne l'ai pas fait avant, mais toute mon énergie a été consacrée au travail laborieux de traduction de l'Ancien Testament en français, et du Nouveau [Testament] en anglais » (à P. Gibbs, de Ventnor, le 21 octobre 1881)[211].

Cette lettre est la dernière écrite par Darby au sujet de la traduction de l'Ancien Testament en français, qui a probablement été achevée à l'automne de 1881[212]. Ceci est confirmé par Frédéric Cuendet, qui écrit que toute la Bible « a été achevée à Pau en 1881, avec la collaboration des frères Pierre Schlumberger, W. J. Lowe, et de quelques autres, et qu'elle a été publiée en partie entre 1881 et 1885[213] ». Par conséquent, la Bible française

---

207. La note de l'éditeur précise : « La traduction de l'Ancien Testament en français. »
208. *Le Messager Évangélique*, 1902, p. 439-440.
209. *Ibid.*, 1892, p. 190.
210. *Ibid.*
211. Darby, *Letters of J. N. D.*, vol. 3, p. 188.
212. Voir Blond, *Les Assemblées de Frères*, p. 149.
213. Cuendet, *Souvenez-vous de vos conducteurs*, p. 35.

complète version *Darby* en un volume est parue pour la première fois en 1885, soit trois années après son décès en 1882. Voici un extrait de la préface des éditeurs :

> C'est aussi pourquoi, dès la seconde édition [*1872*], le traducteur s'est livré à l'étude approfondie du texte, travail dont ceux qui l'ont entrepris connaissent seuls l'étendue et les difficultés. […] Le lecteur ne doit pas s'attendre à trouver ici une œuvre scientifique ou une édition critique ; notre seul désir a été de lui fournir, par tous les moyens dont nous pouvions disposer, une traduction aussi simple et aussi littérale que possible. Pour oser entreprendre cette tâche, nous avons mis notre confiance en la grâce de Dieu. Nous avons été soutenus par la conviction que notre travail pourrait être utile aux âmes, et contribuerait à glorifier Celui qui seul peut bénir[214].

Peu de changements ont été apportés à l'édition de 1885 quand on la compare à celle de 1896 et aux autres éditions suivantes[215]. Toutefois, une révision récente de la version française du Nouveau Testament (2006) a amené des changements dans le choix de quelques mots[216], ainsi que dans certaines constructions grammaticales. Cependant, cette révision a provoqué une telle onde de choc parmi certains chrétiens suivant Darby, ceux d'Europe en particulier, qu'on l'a renommée *Nouveau Testament Éditions La Bonne Semence*.

Une fois le travail de traduction de la version française terminé, Darby décide de s'attaquer à la préface, qui deviendra plus

---

214. J. N. Darby, *La Sainte Bible qui comprend l'Ancien et le Nouveau Testament traduits sur les textes originaux*, 5ᵉ éd., Grande édition fac-similé, La Haye, Pays-Bas, Imprimerie C. Blommendaal, édition électronique < http://bible.free.fr/archives/ >, 1885, p. ii.

215. Après 1896, l'édition et l'impression de la Bible Darby en français s'est divisée en deux présentations : la Bible « version standard » (920 pages, avec l'Apocalypse qui se termine sur une page droite, première édition produite par Henri Rossier en 1916), et la Bible « version famille » (1250 pages, avec l'Apocalypse qui se termine sur une page gauche, première édition probable produite en 1911).

216. Certains mots désuets ont été remplacés par leur équivalent moderne.

tard une introduction générale à la Bible. Ce travail semble toutefois lui avoir causé beaucoup de soucis. Dans une lettre envoyée de Ventnor à Pierre Schlumberger, le 9 novembre 1881, Darby écrit :

> La pensée d'une préface à la Bible me préoccupe, et je crains d'entreprendre cette tâche. Il me faudra en tout cas un peu de temps pour rassembler mon courage pour le faire. Faire tout ce que je puis pour compléter ce travail, cela va sans dire, mais je sens que c'est une chose bien sérieuse que d'y ajouter une préface. Apprendre de la Parole est une joie, mais dire ce qu'on pense de la Parole est autre chose. Je ne saurais le dire comme je le voudrais. […] Si je peux me décider à entreprendre cette préface, je vous en écrirai ; cela se décidera sous peu, si j'ose ; voilà le vrai mot[217].

Un mois plus tard, le 15 décembre 1881, Darby écrit de nouveau à Pierre Schlumberger pour lui faire part de sa décision d'écrire la préface[218]. Son travail l'a amené à faire une analyse de toute la Bible, et dans cet exercice, il a trouvé de la nourriture spirituelle. Il a travaillé ainsi jusqu'au 16 janvier 1882[219]. Il est intéressant de constater que la Bible Darby, autant dans sa version française qu'allemande, sera plus tard très utile aux anglophones, comme le montre la citation suivante, tirée de l'introduction de l'édition 1890 de l'Ancien Testament en anglais :

> L'aboutissement de la version *Darby* en français, qui révèle sa profonde connaissance et sa maîtrise de l'hébreu, est, selon l'avis de plusieurs, un héritage donné à l'Église grâce au dur labeur de son serviteur. Elle ne peut en conséquence revendiquer l'exclusivité de la langue dans laquelle elle a été traduite. C'est pourquoi tous les lecteurs de la version anglaise verront toutes sortes de précisions tirées des autres versions mentionnées plus haut, en particulier de la version française, là où la version commune de la Bible en

---

217. *Le Messager Évangélique*, 1903, p. 279.
218. *Ibid.*, p. 317. Voir aussi Darby, *Letters of J. N. D.*, vol. 3, p. 207.
219. Voir *Le Messager Évangélique*, 1893, p. 286.

anglais est imprécise. […] Les notes viennent en partie de la version allemande, souvent de la version française, et d'autres de commentaires non publiés de Monsieur Darby[220].

La citation suivante montre que l'édition de 1961 de la version *Darby* en anglais a aussi bénéficié de sa version en français : « Nous avons profité de cette occasion pour introduire dans cette version des notes complémentaires tirées de la version *Darby* de la Bible en français et de celle en allemand publiées de son vivant[221]. » La prochaine section présentera l'histoire de la version *Darby* en anglais.

2.4.3 L'histoire de la version Darby en anglais

Son histoire n'est pas claire. L'information dont nous disposons au sujet du travail de Darby sur la traduction anglaise est assez limitée comparée à celle disponible pour ses versions en allemand et en français. Cette section inclura donc des propositions hypothétiques. D'abord, disons que certains écrivains modernes ont une approche trop réductrice des faits entourant la version *Darby* en anglais. Par exemple, l'auteur d'un article sur les versions anglaises de la Bible écrit : « John Nelson Darby, leader du mouvement classé comme Frères de Plymouth, a produit en 1871 une version appelée *New Translation* [Nouvelle Traduction] qui repose en majeure partie sur le *Codex Vaticanus* et le *Codex Sinaiticus*[222]. » Cette information, bien que très populaire, est néanmoins incomplète. En effet, c'est en 1856 que Darby a débuté

---

220. Darby, *The Holy Scripture*, édition de 1890, p. iv-vii.
221. *Ibid.*, p. iii.
222. W. A. Elwell et P. W. Comfort, *Tyndale Bible Dictionary* [Le dictionnaire de la Bible de Tyndale], *Tyndale reference library* [La bibliothèque d'ouvrages de référence de Tyndale], trad. libre, Wheaton, Ill., Tyndale House Publishers, 2001, p. 206. Frédéric Cuendet écrit que la version Darby du Nouveau Testament en anglais fut publiée en 1870 [*sic*] alors que la Bible entière le fut en 1890 (Cuendet, *Souvenez-vous de vos conducteurs*, p. 35). Voir aussi Robert L. Thomas, *How to Choose a Bible Version: An Introductory Guide to English Translations* [Comment choisir une version de la Bible : un guide de base pour

la traduction en anglais, d'après les informations que l'on trouve dans les différentes sources, et non en 1871 comme le suggère cet article[223]. Le Nouveau Testament de 1871 est en fait la deuxième édition de la version *Darby* en anglais. La toute première édition « a d'abord été publiée en livres séparés, la plupart du temps un livre à la fois, entre 1856 et 1866[224] ». Dans la préface de la deuxième édition de 1871, Darby écrit :

> L'édition originale a été publiée en une série de plusieurs livres (lorsque deux épîtres sont destinées à la même assemblée, elles sont jointes pour former un seul livre). Et selon la demande – certains livres étant plus populaires que d'autres – plusieurs ont été réimprimés. Mais lorsque le tirage de l'édition originale a été épuisé, j'ai décidé de publier une nouvelle édition de cette traduction du Nouveau Testament, cette fois-ci, sous une forme compacte et pratique. Je n'ai jamais eu l'intention de produire un travail d'érudit ; mais puisque j'avais accès à des livres d'études et des sources d'informations inaccessibles à la majorité des gens, pour qui cependant la Parole de Dieu est tout aussi précieuse, j'ai voulu les faire profiter du fruit de mes études et de mes découvertes en leur donnant la Parole de Dieu en anglais, dans une traduction aussi proche que possible de l'original[225].

---

les traductions anglaises], trad. libre, Fearn, Great Britain, Christian Focus Publications, 2000, p. 26.

223. En 1852, Darby a écrit un article dans lequel il dit : « Toute publication produite par l'homme n'est pas sans erreur ; c'est vrai aussi de la Bible en anglais. J'ai identifié des passages qui mériteraient d'être traduits avec plus d'exactitude. J'ai aussi pris la peine de traduire tout le Nouveau Testament, sauf quelques chapitres » (John Nelson Darby, « *Scriptural Enquiry as to the Doctrine of Eternal Punishment Contained in J. P. Ham's Theological Tracts* » [Une recherche scripturaire à propos de la doctrine des peines éternelles contenue dans les traités théologiques de J. P. Ham], trad. libre, dans *The Collected Writings of John Nelson Darby*, vol. 7, p. 40). Il semble évident que Darby n'avait pas dans l'immédiat l'intention de publier sa traduction. Il s'en servait à titre personnel. De plus, il s'est montré hésitant à traduire quelques chapitres qu'il n'a pas identifiés. Aucune raison n'est donnée de sa part pour expliquer cela.

224. *Dates of J. N. Darby's Collected Writings*, p. 4.

225. *Bible notes from the 1871 edition of the New Testament*, p. 403.

Selon certains auteurs[226], l'épître de Paul aux Romains fut le premier livre du Nouveau Testament à être produit par Darby. Dans la préface de cette traduction, il écrit :

> Si c'est la volonté de Dieu que le Nouveau Testament soit publié en entier, la méthode de travail de la traduction sera alors totalement expliquée. Pour cette raison, nous n'avons pas jugé nécessaire de le faire pour ce court ouvrage. La traduction s'est faite directement et entièrement à partir du grec, sans qu'il y ait eu tentative de changer volontairement le texte de *[la Version autorisée]*, laquelle est très connue et appréciée autant par le traducteur que par tous. La forme du volume dépendra de l'usage qu'on veut en faire[227].

Aucune date n'apparaît sur ce document[228]. Il est difficile de savoir si le commentaire de Darby se réfère à l'épître aux Romains ou à tout le Nouveau Testament en anglais. Toutefois, deux lettres de Darby écrites à Pierre Schlumberger fournissent la réponse. Dans sa première lettre, envoyée de Bath en avril 1856, Darby exprime son désir de réaliser une version en anglais : « J'espère que vous serez content de notre traduction ; je crois que je ne serai pas satisfait que je n'en aie une en anglais[229]. » Par ailleurs, il écrit dans sa seconde lettre : « J'ai publié l'épître aux Romains en anglais, et j'ai trouvé des fautes jusqu'à la dernière révision[230]. » Cette lettre fut postée de Lausanne le 9 octobre 1856. Il semble donc clair que les premiers pas de Darby dans la traduction du Nouveau Testament en anglais remontent à l'été ou à l'automne de 1856, ce qui s'inscrit parfaitement dans la période 1856-1866 évoquée par les éditeurs de l'ouvrage *Dates of*

---

226. Voir *Dates of J. N. Darby's collected writings*, p. 4.
227. J. N. Darby, *The Epistle of Paul the Apostle to the Romans* [L'épître de l'apôtre Paul aux Romains], trad. libre, Londres, Royaume-Uni, T. H. Gregg.
228. Ce document a été numérisée et il semble être très vieux. Toutefois, les éditeurs de *Dates of J. N Darby's collected writings* (p. 4) confirment que le document est non daté.
229. *Le Messager Évangélique*, 1899, p. 254.
230. *Ibid.*, p. 280.

J. N. Darby's collected writings (voir p. 4). Le projet de Darby de publier le Nouveau Testament en anglais a donc débuté pour de bon en 1856 avec la traduction de l'épître aux Romains.

Puis, environ un an plus tard, en septembre 1857, Darby envoya une autre lettre à Pierre Schlumberger, de Hollande cette fois-ci, dans laquelle il écrit :

> Mes traductions anglaises se vendent, la vente augmentant à mesure qu'elles sont connues ; il y en a au moins deux autres, comprenant tout ou partie du Nouveau Testament ; ce que j'en ai vu me rend satisfait de la mienne, bien que, lorsque je la lis toute seule, j'en sois toujours mécontent[231].

On voit bien que Darby était satisfait de sa propre traduction lorsqu'il la comparait aux autres. Ce qui est moins certain, c'est son désir de continuer la traduction. Presque deux ans plus tard, le 3 mai 1859, Darby a encore des doutes. Dans une lettre écrite de Londres et envoyée à un certain E. Maylend, il dit : « Je me demande toujours si je dois continuer ma traduction. Est-ce vraiment la meilleure chose à faire en ce qui me concerne ? Je ne comprends toujours pas pourquoi Dieu me garde dans cet état. Une chose est certaine : l'ennemi cherche à me décourager[232]. » Cependant, en octobre 1860, sa décision est prise... « Si Dieu le veut, je m'attaquerai assidûment à la traduction, une fois de retour chez moi[233] », écrit-il de Lausanne dans une lettre envoyée à G. V. Wigram.

---

231. *Le Messager Évangélique*, 1899, p. 319.
232. Darby, *Letters of J. N. D.*, vol. 1, p. 274.
233. *Ibid.*, p. 300. En octobre 1860, de Lausanne, Darby écrit une autre lettre à G. V. Wigram : « Si le Seigneur le permet, lorsque je serai en Angleterre, je réviserai le Nouveau Testament et je le publierai probablement en entier. Mais je regrette souvent de ne pas être à l'œuvre à temps plein, et j'hésite entre une activité locale, qui prend souvent de l'extension, et l'évangélisation là où personne n'est allé, ce qui me rend toujours heureux » (*Ibid.*, p. 301).

Aucune autre lettre faisant mention de la première édition du Nouveau Testament en anglais n'a été retrouvée dans les écrits de Darby[234]. Nous avons mentionné plus haut que cette édition en livres séparés fut publiée durant la période 1856-1866[235]. Cependant, une autre date pour l'achèvement de sa traduction est proposée par l'un des biographes de Darby, qui donne en même temps d'autres renseignements intéressants :

> [Darby] n'était pas satisfait des versions existantes de la Bible en français et en allemand, d'où sa collaboration avec des Français et des Allemands afin de produire de nouvelles versions dans ces langues. Cette collaboration a eu comme résultat la Bible version Pau, et la Bible version Elberfelder, respectivement. Darby n'était pas pressé de créer une nouvelle traduction de la Bible en anglais, puisqu'il considérait la version King James satisfaisante pour les croyants en général, et il les encourageait à l'utiliser. Toutefois, il décida de produire une version très littérale du Nouveau Testament en anglais dans le but d'en faire une version d'étude. La première édition du Nouveau Testament est sortie sous la forme d'une série de livres, *l'Évangile selon Matthieu étant le premier à paraître en 1865*. Le Nouveau Testament fut achevé en 1867[236].

Il est évident que quelques-unes des données recueillies par Turner contredisent ce qui a été dit précédemment. En outre, il n'offre aucune référence pour soutenir ses dires. En revanche, nous avons une source sûre, une lettre écrite par Darby en 1856, dans laquelle il dit avoir publié l'épître aux Romains pendant cette même période. Par conséquent, cette date doit être retenue

---

234. Sauf pour une lettre que Darby a écrite à Pierre Schlumberger de Toronto en mars 1863, dans laquelle il dit : « Si vous avez du loisir, vous pourriez comparer un peu ma traduction anglaise avec la française. L'anglaise a été bien reçue en Angleterre par des personnes compétentes, comme le Dr Ellicot qui, comme professeur de théologie, l'a recommandée à ses élèves » (*Le Messager Évangélique*, 1901, p. 19).

235. Selon les éditeurs de *Dates of J. N. Darby's Collected Writings*, p. 4.

236. Turner, *Unknown and Well Known*, p. 143-144, italiques pour souligner.

plutôt que celle avancée par Turner. Quant à la date de publication de tout le Nouveau Testament proposée par Turner (1867), elle ne concorde pas avec la date avancée (1866) par les éditeurs de *Dates of J .N. Darby's Collected Writings*. Mais faute de source sûre, il est impossible de choisir entre ces deux dates. Enfin, les propos de Turner au sujet de l'opinion que Darby se faisait de la version *King James* correspondent à ceux énoncés par Darby lui-même dans la préface de sa première traduction en anglais de l'épître aux Romains, au sein de laquelle il écrit : « La traduction s'est faite [...] sans qu'il y ait eu la volonté de changer le texte de *[la Version autorisée]*, qui est très connue et appréciée autant par le traducteur que par tous[237]. »

Selon un biographe de W. J. Lowe, ce dernier « a souvent parlé de l'immense respect de J. N. D. pour *[la Version autorisée]*, et que s'il avait eu la possibilité, de son vivant, de produire une autre édition de sa *Nouvelle Traduction* du Nouveau Testament[238], elle aurait, dans son style et son vocabulaire, suivi de plus près encore celle de *[la Version autorisée]*[239] ». L'élément déclencheur dans la décision de Darby de produire une version d'étude très littérale du Nouveau Testament en anglais est certes le fait qu'il ne tenait pas en haute estime le *Texte Reçu*, qui était à la base de la version *King James*.

La lettre suivante de Darby, faisant allusion à la traduction de sa version en anglais, a été écrite le 21 septembre 1868, soit près de huit ans après celle de Lausanne, rédigée en 1860[240]. Darby se trouve alors en Amérique. Il est toutefois difficile de savoir si

---

237. Darby, *The Epistle of Paul the Apostle to the Romans*. Voir aussi Kelly, *The Collected Writings of John Nelson Darby*, vol. 14, p. 16-17, où Darby souligne « (de façon générale) la traduction remarquable que nous avons en anglais ».

238. *New Translation* [Nouvelle traduction], trad. libre, est le titre original en anglais pour la traduction du Nouveau Testament de Darby dans cette langue.

239. *A Brief Account of the Life and Labours of the late W. J. Lowe*, 1927.

240. Voir Darby, *Letters of JND*, vol. 1, p. 300.

Darby pensait à sa version du Nouveau Testament en anglais. Écrivant à un certain Monsieur « M. », il dit :

> Ce qui me retient en outre en Amérique, car je me dois également aux frères ailleurs, c'est que l'édition du Nouveau Testament que j'ai publiée en Angleterre est épuisée, et qu'on demande cette traduction partout : je la revois pour qu'elle soit aussi parfaite que possible. Cela me retient dans mon cabinet, car je ne puis faire ce travail en voyageant, ainsi que d'autres travaux du même genre qui m'occupent, mais que j'aurais pu différer[241].

La version *Darby* en français fut publiée à Pau et Vevey, tandis que celle en allemand le fut à Elberfeld. C'est très possible que Darby se référait alors à sa deuxième édition en anglais du Nouveau Testament. De plus, dans une lettre écrite en 1868 et adressée à William Kelly, Darby mentionne qu'il a déjà terminé son travail sur la *New Translation*. Puis, il ajoute : « J'en ai confié la relecture à une autre personne, j'ai corrigé des erreurs d'omission du verbe, et enfin, je me suis assuré autant que possible d'avoir une constance dans le choix des mots. J'ai aussi inséré plusieurs notes, avec quelques clarifications ici et là, sans grand changement toutefois[242]. » Ainsi, à son retour à Londres quelques mois plus tard, Darby continuerait son travail sur la nouvelle édition. Il confirme cela dans une lettre écrite de Londres le 7 juillet 1869 et envoyée à G. Biava :

> Mon travail sur la nouvelle édition du Nouveau Testament requiert actuellement toute mon attention, et je ne peux m'en libérer car ils attendent que j'aie terminé. D'autres peuvent s'occuper de la révision en vue de l'impression, mais la tâche de vérifier mes nouvelles notes et mes corrections mineures n'incombe qu'à moi[243].

---

241. *Le Messager Évangélique*, 1891, p. 432-433.
242. Darby, *Letters of JND*, vol. 1, p. 535.
243. *Ibid.*, vol. 2, p. 27.

Toujours en juillet 1869, Darby mentionne dans une lettre envoyée à Pierre Schlumberger que l'impression de sa deuxième édition du Nouveau Testament est commencée[244]. Il semble qu'il soit allé à Elberfeld quelques semaines plus tard, puisque des lettres datées de novembre 1869 et adressées à un certain M. « P. »[245] et à G. Biava[246] ont été postées de là. Dans ces lettres, Darby aborde brièvement le sujet de son travail de traduction et de correction. Plus tard, en décembre de la même année, et du même endroit, il écrit à Pierre Schlumberger[247]. Il y a suffisamment de renseignements dans cette lettre pour établir la chronologie des événements qui ont entouré l'impression de sa deuxième édition en anglais du Nouveau Testament. Ainsi, avant de quitter Londres pour se rendre à Elberfeld, Darby a laissé aux éditeurs des notes sur des variantes du texte afin qu'ils les insèrent dans les notes de bas de page de la deuxième édition. Il est ensuite allé en Allemagne pour travailler sur la traduction de l'Ancien Testament en allemand. Durant son séjour, il envoie une lettre à ses éditeurs à Londres, dans laquelle il leur demande de faire parvenir à Pierre Schlumberger ses notes manuscrites pour qu'elles l'aident dans son travail sur la deuxième édition de sa version en français. Mais les éditeurs répondent qu'ils sont incapables de déchiffrer quelques-uns de ses commentaires et l'informent, qu'en conséquence, l'impression de cette édition ne reprendra que lorsqu'il sera revenu à Londres. Il décide donc de demeurer à Elberfeld pour y continuer son travail sur la version de l'Ancien Testament en allemand, même s'il est impatient de terminer sa version en anglais du Nouveau Testament, comme en témoigne cette autre lettre, écrite en décembre 1869 :

---

244. *Le Messager Évangélique*, 1901, p. 414.
245. *Ibid.*, 1894, p. 390.
246. Darby, *Letters of J. N. D.*, vol. 2, p. 46, 56-57.
247. *Le Messager Évangélique*, 1923, p. 136.

> Je me suis plongé dans l'hébreu, ce qui m'est très utile, quoique ce travail minutieux prenne plus de temps que je ne l'avais estimé, et j'avoue ne pas savoir quand je pourrai l'achever, tout comme le Testament en anglais. Mais je suis confiant que le Seigneur me guidera[248].

Darby s'inquiétait du fait que son travail sur la version de l'Ancien Testament en allemand s'étirait en longueur. En effet, dans une lettre à G. V. Wigram, datée de janvier 1870, il écrit d'Elberfeld :

> J'avance très lentement dans la traduction de la Bible en allemand. Nous en sommes, ou en étions, à la partie la plus difficile, et voilà que mon principal assistant allemand est souffrant. Si son absence se prolonge, je devrai rentrer en Angleterre et le terminer plus tard, mais je ne veux pas trop m'écarter de la ligne directrice que je me suis fixée[249].

Cependant, son travail avance rapidement. À la fin avril (ou début mai) 1870, il est terminé, et Darby retourne en Angleterre[250] pour travailler sur sa deuxième édition du Nouveau Testament anglais, où il examine en particulier les variantes de texte des manuscrits grecs. Dans une lettre écrite de Londres et envoyée en mai 1870 à H. M. Hooke, Darby écrit :

> En ce qui concerne mon travail de traduction, je me considère comme « un coupeur de bois et un puiseur d'eau » ; en effet, il n'aurait pu y avoir un sacrifice sur l'autel si le bois n'avait été coupé. C'est la même chose pour la Parole de Dieu, je suis content de servir les saints : de nos jours, c'est tellement important d'avoir la Parole entre nos mains. [...] Mais j'ai hâte de passer à l'étape suivante, de celle de l'examen critique du texte à celle de son

---

248. Darby, *Letters of J. N. D.*, vol. 2, p. 58.
249. *Ibid.*, p. 67.
250. Voir *Le Messager Évangélique*, 1901, p. 438.

utilisation. […] Je consacre la plus grande partie de la journée à l'étude approfondie des éditions du texte grec et des manuscrits[251].

Après son retour en Angleterre au printemps de 1870, Darby consacre plusieurs mois de travail à la deuxième édition du Nouveau Testament anglais. En effet, environ six mois plus tard, le 22 novembre, il écrit de Londres une lettre destinée à G. Biava, dans laquelle il dit :

> C'est en hâte que j'ai écrit, car de sept heures jusqu'à minuit, l'horaire de travail impose son pas : j'ai des réunions chaque jour et du travail de toute sorte pour corriger les nouvelles éditions anglaise et française du Nouveau Testament, souvent en même temps[252].

Pris par son travail pour la *New Translation*, Darby est encore à Londres le 14 mars 1871[253]. Puis, quatre jours plus tard, il écrit que le travail est terminé jusqu'à la première épître aux Corinthiens[254]. Et à peu près à la même période, il écrit à J. Dunlop :

> J'ai été tellement absorbé par mon travail de traduction que j'ai le sentiment de ne pas participer avec les autres sur le terrain à l'œuvre de Dieu. Ce n'est certes pas le désir qui me manque ; c'est le temps ! Mais je suis reconnaissant que ce travail soit presque terminé[255].

Dans une lettre écrite à un certain R. T. Grant quatre mois plus tard, en juillet 1871, Darby dit que sa *New Translation* est imprimée et que la liste des errata devra être révisée[256]. La deuxième édition de la version *Darby* du Nouveau Testament anglais fut finalement publiée durant l'automne de 1871. La

---

251. Darby, *Letters of J. N. D.*, vol. 2, p. 86-87.
252. *Ibid.*, p. 101.
253. *Ibid.*, p. 117-118.
254. *Ibid.*, p. 219.
255. *Ibid.*, p. 124.
256. *Ibid.*, p. 131.

troisième édition est parue en 1884 avec seulement des corrections mineures. À la même époque, une lettre de Darby envoyée à un certain M. Slim semble démontrer que ce projet était déjà entamé en 1880 : « J'ai passé en revue les cantiques en vue d'une nouvelle édition. Je travaille à mon Testament, pour en publier une nouvelle édition. Je dois relire ma traduction en anglais faite à partir de celle en allemand[257]. » Ces paroles semblent, au premier abord, déconcertantes. Mais si nous tenons compte de la date de cette lettre et de tout ce qui a été dit précédemment, nous pouvons raisonnablement supposer que, lorsque Darby dit qu'il travaille à son Testament, il se réfère à la version en français. Une quatrième édition avait été publiée deux ans auparavant (1878), et une nouvelle était en voie de publication avec l'Ancien Testament, laquelle « fut achevée en 1881 à Pau[258] ». L'édition complète de la Bible en français parut en 1885, trois ans après la mort de Darby. Aussi, lorsqu'il dit qu'il doit relire sa traduction en anglais, il se référait probablement à la troisième édition (1884) avec notes d'étude, dont quelques-unes ont apparemment été traduites de la version en allemand. En réalité, il semble que Darby avait déjà commencé à recueillir quelques notes pour les ajouter à la troisième édition[259], d'où ces remarques préliminaires de l'édition de 1884 :

> Cette édition du Nouveau Testament est un exemplaire modifié de la deuxième édition (1871), entièrement corrigé par le traducteur de son vivant, et méticuleusement révisé, dans la mesure du possible, *selon ses notes personnelles* au moment de mettre sous presse. Le texte a subi très peu de modifications : quelques corrections ont été

---

257. *Ibid.*, vol. 3, p. 110.
258. Cuendet, *Souvenez-vous de vos conducteurs*, p. 35.
259. Les éditeurs de *Bible notes from the 1871 edition of the New Testament* écrivent : « Cette édition reflète les notes et les corrections mentionnées dans la copie personnelle de Darby d'un Nouveau Testament interfolié (J. N. D., 2ᵉ éd., 1871), et qui furent ajoutées en prévision de la 3ᵉ édition (1884) » (p. i).

apportées, et certaines modifications et variantes textuelles, mentionnées auparavant dans les notes, ont été insérées ici et là dans le texte. Enfin, *quelques notes nouvelles ont aussi été ajoutées*[260].

Darby a confirmé ce travail dans une lettre écrite à P. Gibbs, de Ventnor, le 21 octobre 1881 : « C'est maintenant le temps de t'écrire. Ce n'était pas un manque d'intérêt de ma part si je ne l'ai pas fait avant, mais toute mon énergie a été consacrée au travail laborieux que représente la version française de l'Ancien Testament ainsi que le Nouveau en anglais[261]. » La première édition complète de la Bible en anglais est parue en 1890. L'Ancien Testament fut traduit en partie (le Pentateuque) par Darby peu de temps avant sa mort, alors que le reste le fut par ses collaborateurs, à partir de sa version en français et de ses traductions en allemand[262]. L'édition de 1890 est toujours utilisée aujourd'hui. En 1961, elle a fait l'objet de quelques modifications seulement, avant sa réimpression, mais aucun changement n'a été apporté à la formulation du texte[263].

2.4.4 L'histoire de quelques traductions basées sur les versions Darby

G. W. Turner, l'un des biographes de Darby, a mentionné qu'il était « le principal érudit » derrière la traduction néerlandaise, la version *Voorhoeve* de 1877, et que des versions posthumes du Nouveau Testament en italien (1891) et en suédois (1961) ont été produites selon les traductions faites par Darby lui-même, lesquelles avaient servi de guide aux traducteurs[264]. Max Weremchuck, un autre biographe de Darby, a écrit que son

---

260. Darby, *The Holy Scriptures*, édition de 1890, p. iii, italiques pour souligner.
261. Darby, *Letters of J. N. D.*, vol. 3, p. 188.
262. Darby, *The Holy Scriptures*, édition de 1890, p. v.
263. *Ibid.*, p. iii.
264. Turner, *Unknown and Well Known*, p. 91-92.

nom était associé à des traductions en français, en allemand, en néerlandais, en anglais, en suédois et en italien, mais que seulement celles en français, en allemand et en anglais étaient le fruit direct de son travail[265]. Le biographe de W. J. Lowe semble suggérer une implication directe de Darby à certains niveaux dans la traduction des versions néerlandaise et italienne. En effet, il écrit : « J. N. D., et tous ceux qu'il avait réunis avec lui à Pau, travaillèrent ensemble à la traduction de l'Écriture en français. Leur travail déborda ensuite aux versions allemande, néerlandaise, italienne et anglaise[266]. » Les sections suivantes présentent une tentative de reconstruire, à partir de sources documentées, l'histoire des traductions de Darby en néerlandais, en italien et en suédois.

2.4.4.1 L'histoire de la version néerlandaise

La première mention dans les écrits de Darby de la traduction de la Bible en néerlandais serait apparue en 1852. Dans un article qui traite des différentes versions de la Bible, Darby commente : « On me dit que la version néerlandaise est très bonne : je ne pourrais le dire, sauf que lorsque je compare toutes celles que je peux évaluer, la version de la Bible en anglais les surpasse toutes[267] ! » La connaissance qu'il a à cette époque de la version néerlandaise provient de commentaires faits par d'autres personnes. Trois ans plus tard, en 1855, Darby envoie d'Elberfeld une lettre à un frère inconnu, dans laquelle il écrit :

> Le Seigneur n'a pas les mains liées par le fait que je ne parle pas le néerlandais ou que je ne puisse communiquer qu'avec ceux qui parlent le français, et peut-être bien l'allemand. Car ceux qui

---

265. Weremchuk, *John Nelson Darby*, p. 169-170.
266. *A Brief Account of the Life and Labours of the late W. J. Lowe*, 1927. Ce n'est pas dans cet ordre que Darby a traduit, mais d'abord en allemand, puis en français, en anglais et peut-être en néerlandais et en italien. La traduction en suédois a été faite après son décès.
267. Kelly, *The Collected Writings of John Nelson Darby*, vol. 7, p. 40.

prennent connaissance de ce que je leur dis en français peuvent en retour le transmettre à ceux qui parlent le néerlandais[268].

Ce que Darby pouvait comprendre du néerlandais n'était possible qu'avec l'aide d'autres personnes[269]. Toutefois, deux ans plus tard, ses progrès lui permettent de le comprendre suffisamment bien. Dans une lettre datée du 2 septembre 1857 envoyée de Rotterdam à G. V. Wigram, Darby écrit : « En général je parle en français, avec quelques-uns en allemand, et si la discussion porte sur des sujets religieux, je comprends presque tout ce qui se dit en néerlandais[270]. » Puis, en 1859, commentant dans une note un article sur la qualité de la *Version autorisée*, il écrit : « Je n'en connais aucune qui soit meilleure, sinon peut-être celle en néerlandais, qui fut publiée environ huit ans plus tard, et qui a évidemment bénéficié de la version en anglais[271]. » C'est dommage qu'il n'ait pas spécifié de quelle version il parlait. Cependant, la préface de la version *Darby* du Nouveau Testament en néerlandais permet de penser qu'il se référait à la version néerlandaise *Statenbijbel*[272] ou *Statenvertaling*[273]. Une auteure écrit :

> Il a été décidé au synode de Dordt (1618-1619) qu'une nouvelle traduction faite à partir des textes hébreu et grec était nécessaire. Pendant presque vingt ans, une équipe d'érudits a travaillé sur ce projet qui donna finalement naissance, en 1637, à la première traduction de la Bible, appelée *Statenbijbel* (la Bible des États généraux). Son nom dérive du fait qu'elle a été décidée et financée par les États généraux. […] Cette traduction de la Bible

---

268. Darby, *Letters of J. N. D.*, vol. 3, p. 296.
269. *Ibid.*, p. 291-292.
270. *Ibid.*, vol. 1, p. 253. Un commentaire fait par Darby en 1866 au sujet d'un traité néerlandais récemment publié abonde dans ce sens (*Ibid.*, p. 451).
271. Kelly, *The Collected Writings of John Nelson Darby*, vol. 14, p. 16.
272. La [Bible d'État], trad. libre.
273. La [Traduction d'État], trad. libre.

a eu un impact profond sur la langue et la culture néerlandaise au cours des siècles suivants[274].

La date de décision de cette traduction pendant le synode de Dordt (1618-1619) concorde parfaitement avec le commentaire fait par Darby au sujet d'une version néerlandaise de la Bible produite « environ huit ans » après la *Version autorisée* (1611). Le fait qu'il ait apprécié cette version à ce moment-là semble indiquer qu'il avait fait des progrès en néerlandais. Ceci se confirme puisque trois ans plus tard, en 1862, il fait l'éloge de la traduction néerlandaise du récit de la création[275], et en 1868 il est capable de discuter de questions grammaticales liées à l'emploi de l'article défini[276].

Une lettre écrite à A. Wells le 3 janvier 1870, dans laquelle Darby parle de son travail de traduction de l'Ancien Testament en allemand, pourrait nous aider à comprendre de quelle manière s'est effectuée la traduction néerlandaise. Il écrit :

> Je corrige toute la version allemande de l'Ancien Testament, non pas à partir de la version Luther, qui n'est pas recommandable, mais à partir de l'hébreu. *Un frère allemand et un frère néerlandais ont entre les mains la traduction allemande et néerlandaise de l'Ancien Testament, alors que j'ai en main le texte hébreu*, et de plus toutes les aides disponibles[277].

Il est donc permis de croire que Darby a appliqué la même méthode, tant à la version allemande qu'à la version néerlandaise. Et quoique sa connaissance du néerlandais soit insuffisante pour faire sa propre traduction, il en connaissait néanmoins

---

274. Maria A. Schenkeveld, *Dutch Literature in the Age of Rembrandt: Themes and ideas* [La littérature néerlandaise à l'époque de Rembrandt : thèmes et idées], trad. libre, Utrecht Publications in General and Comparative Literature, vol. 28, John Benjamins Publishing, 1991, p. 39.
275. Kelly, *The Collected Writings of John Nelson Darby*, vol. 9, p. 106.
276. *Ibid.*, vol. 13, p. 85.
277. Darby, *Letters of J. N. D.*, vol. 2, p. 61, italiques pour souligner.

assez pour en discuter avec ses collaborateurs. Il faut cependant souligner qu'il n'existe à ce jour aucune preuve irréfutable démontrant que Darby a lui-même travaillé directement sur une traduction néerlandaise de la Bible. La préface de la traduction de *Voorhoeve* (édition de 1877) souligne que la traduction n'a pas été faite par Darby lui-même, mais plutôt avec l'aide de son Nouveau Testament grec. Nous reproduisons ici un extrait de cette préface :

> Le texte grec qui est à la base de cette traduction a été édité par J. N. Darby[278]. Les traductions faites par Darby de la Bible en allemand, et du Nouveau Testament en français et en anglais ont toutes été qualifiées d'exceptionnelles par des personnes compétentes qui les ont revues. Son travail fait autorité au point que plusieurs universités l'utilisent dans leurs recherches sur les textes bibliques. En plus de consulter les nombreuses éditions des érudits cités plus haut, Darby a aussi comparé tous les manuscrits publiés et les citations des Pères de l'Église. Dans certains cas, il a même étudié la version syriaque et l'ancienne version latine[279].

Enfin, dans une lettre écrite de San Germano le 26 février 1881, Edward L. Bevir demande à Darby d'entamer une traduction du Nouveau Testament en italien, en se basant sur ses versions

---

278. Ce Nouveau Testament grec est probablement une copie annotée de Johann J. Griesbach, *Novum Testamentum Graece* (*Editio Nova*) [Nouveau Testament grec (édition nouvelle)], trad. libre, Londres, Royaume-Uni, Impensis F. C. et J. Rivington, 1818 (le Nouveau Testament grec en quatre volumes de Darby qui se trouve aux Archives sur le mouvement des Frères à l'Université de Manchester au Royaume-Uni contient cette édition du texte de Griesbach). D'autre part, Arnold D. Ehlert écrit : « Une seconde édition *[du Nouveau Testament néerlandais]* est apparue en 1917, laquelle tient compte des preuves apportées par les nouveaux manuscrits. Le texte grec de Theile, qui fut corrigé par Darby, de même que la dernière édition du texte grec de Nestle furent utilisés » (Huebner, *Precious Truths Revived and Defended Through J. N. Darby*, vol. 1, p. 216). Il est intéressant de noter que le catalogue de la bibliothèque de Darby contient l'ouvrage suivant : *Biblia Polyglotta*, von Etier und Theile, 3 vol., Bielefeld, 1854-1857 (Sotheby, *et al.*, *Catalogue of the Library of the Late John Nelson Darby*, p. 4).

279. Voorhoeve, *De Boeken, genaamd Het Nieuwe Testament*, p. viii.

française, allemande et anglaise. Il confirme dans cette lettre que la version néerlandaise s'est basée sur l'ensemble du travail de traduction de Darby. Bevir écrit : « Dans tous les cas, moi, je suis partant, si tu décidais un jour qu'on l'essaie [...]. N'est-ce pas ce que les Néerlandais ont fait[280] ? » La prochaine section traitera de l'historique de la version italienne.

2.4.4.2 L'histoire de la version italienne

Lorsque Darby a fait la traduction de l'Ancien Testament en allemand (1857-1859 ; 1869-1870), il a comparé les différentes traductions en anglais, en néerlandais ainsi qu'en italien, et il a déclaré que la version italienne était « la meilleure de toutes les anciennes traductions[281] ». Vraisemblablement, il se référait à la version de Giovanni Diodati[282]. Dans la préface de sa deuxième édition du Nouveau Testament en anglais, Darby écrit que la version de Diodati en italien est « la meilleure parmi les anciennes traductions, et que celle en néerlandais et celle en anglais se classent respectivement deuxième et troisième[283] ». Les lettres et les écrits de Darby montrent qu'il maîtrisait assez bien l'italien. Lors d'un séjour au Canada en 1866, Darby dit dans une lettre envoyée à un certain M. « B. » qu'il a toujours lu un peu sa Bible en italien pour ne pas l'oublier[284]. Dans une autre lettre adressée à ce M. « B. », écrite cette fois de Toronto en septembre 1866, Darby mentionne

---

280. Edward L. Bevir, *Letter to John Nelson Darby about the Italian translation* [Une lettre à John Nelson Darby à propos de la traduction italienne], trad. libre, Manchester, Royaume-Uni, Archives sur le mouvement des Frères à l'Université de Manchester, 1881.

281. Darby, *Letters of J. N. D.*, vol. 2, p. 77.

282. La bibliothèque de Darby (voir *Bible notes from the 1871 edition of the New Testament*, p. 374, et Sotheby, *et al.*, *Catalogue of the Library of the Late John Nelson Darby*, p. 13) contenait la première édition (1607) de la traduction de la Bible en italien faite par le Suisse protestant et calviniste Giovanni Diodati (1576-1649). Dans un article daté de 1868, Darby écrit au sujet de Diodati : « Sa traduction est pour l'essentiel la meilleure et la plus exacte que je connaisse » (Kelly, *The Collected Writings of John Nelson Darby*, vol. 14, p. 338).

283. *Bible notes from the 1871 edition of the New Testament*, p. 408.

284. *Le Messager Évangélique*, 1895, p. 458 (voir aussi 1896, p. 40).

qu'il joint à son courrier sa première lettre en italien[285]. Il fait mention aussi d'un traité qu'il aurait auparavant écrit et publié dans cette langue[286].

Ensuite, dans une lettre envoyée de Boston le 15 février 1867 à Pierre Schlumberger, Darby écrit : « Mon temps n'étant pas autant rempli qu'en Europe, j'ai fait beaucoup d'hébreu et d'italien que je pouvais déjà lire un peu auparavant[287]. » De Londres, le 10 août 1868, il écrit de nouveau à M. « B. » pour lui dire qu'il lit toujours un peu en italien afin de ne pas oublier cette langue[288]. Puis, presque un an plus tard, le 6 juin 1869, il envoie de Londres une autre lettre à ce même M. « B. » : « Je me remettrai à mon italien. F. m'écrit dans cette langue, et je n'ai aucune difficulté à comprendre ses lettres, mais parler est autre chose[289]. » Vers 1870, écrivant d'Elberfeld, Darby dit à William Kelly : « Nous correspondons maintenant en italien, même si je suis conscient que mon niveau ne soit pas très bon, mais il[290] préfère cela au français[291]. » En novembre 1871, dans une lettre envoyée de Pallamaglio (Turin) à G. V. Wigram, Darby écrit : « Mon niveau d'italien progresse plus vite que je ne l'espérais. Nous avons en soirée des rencontres de lecture, et en plus de bien comprendre ce qui se dit, je suis capable de bien m'exprimer et d'être clair dans mes explications de l'Écriture[292]. » Toutefois, Darby semble moins enthousiaste sur son niveau d'italien, comme le montre cette

---

285. Parmi les lettres de J. N. Darby en anglais, 17 sont « à l'origine en italien » et furent écrites pendant la période 1866-1879. De plus, ses notes sur l'épître aux Galates (voir Kelly, *The Collected Writings of John Nelson Darby*, vol. 34, p. 44) furent traduites de l'italien. Darby dit : « J'écris depuis quelque temps sur Galates pour les Italiens » (voir Darby, *Letters of J. N. D.*, vol. 2, p. 449)

286. *Le Messager Évangélique*, 1895, p. 453-454.

287. *Ibid.*, 1901, p. 379.

288. *Ibid.*, 1896, p. 40.

289. *Ibid.*, p. 79.

290. Cette personne n'est identifiée que par la lettre « B. » (G. Biava ou E. L. Bevir ?).

291. Darby, *Letters of J. N. D.*, vol. 2, p. 77.

292. *Ibid.*, p. 144. Voir aussi p. 257 et *Le Messager Évangélique*, 1894, p. 459.

lettre écrite de Milan presque trois ans plus tard, le 5 avril 1874, à un certain F. G. Brown(e ?) :

> Puisque je ne parle pas l'italien, mon travail – en ce qui concerne la prédication – est un travail de longue haleine et éloigné de la sphère publique. Mais je comprends l'italien, et eux comprennent le français, ce qui nous permet quand même d'avancer, quoique, à l'occasion, un interprète soit nécessaire afin que tous comprennent. En toutes choses, je fais confiance au Seigneur[293].

Dans une affirmation plutôt audacieuse, l'auteur John P. Ward écrit que Darby a traduit « le Nouveau Testament en italien[294] ». En revanche, il n'offre aucune source documentée pour soutenir son affirmation[295]. Nous avons vu plus haut, qu'en 1881, E. L. Bevir avait clairement demandé à Darby de commencer la traduction du Nouveau Testament en italien en s'appuyant sur ses versions française, allemande, et anglaise[296]. Daniele Garrone, un historien italien, a écrit un article dans lequel il mentionne que Giovanni Biava a produit en 1891, à Milan, une version italienne de la *Nouvelle Traduction* de Darby du Nouveau Testament, basée sur le texte grec. Selon Garrone, le but de cette version était de traduire les oracles de Dieu avec des mots exprimant d'aussi près que possible le sens de l'original, en accord avec les études récentes et les manuscrits nouvellement découverts. Il écrit aussi qu'une révision publiée en 1930 fut en grande partie réalisée par E. L. Bevir et achevée par ses collaborateurs. Toujours selon lui,

---

293. Darby, *Letters of J. N. D.*, vol. 2, p. 262.
294. John P. Ward, *The eschatology of John Nelson Darby*, Londres, Royaume-Uni, thèse de Ph. D., Université de Londres, 1976, p. 29.
295. F. F. Bruce a aussi écrit que Darby avait produit « une version du Nouveau Testament en italien » (F. F. Bruce, *History of the Bible in English* [Histoire de la Bible en anglais], trad. libre, New York, N. Y., Oxford University Press, 1978, p. 132). Voir aussi Henry A. Ironside, *A Historical Sketch of the Brethren Movement*, p. 83, < http://www.wholesomewords.org/ > (page consultée le 28 juillet 2014).
296. Bevir, *Letter to John Nelson Darby about the Italian translation*, 1881.

c'était essentiellement une version italienne de la traduction de Darby[297]. Cependant, une autre source semble confirmer que l'auteur de la traduction en italien est Bevir et que Biava est celui qui l'a publiée en 1891[298]. Dans une lettre écrite le 26 avril 1912, un certain George Wisely écrit :

> Bevir était un linguiste de premier ordre dans l'étude du grec. Il a traduit à partir du Nouveau Testament grec […] et il a publié des livres religieux en italien, en français et en d'autres langues européennes, et même en arabe. Et s'il avait eu la possibilité de rester plus longtemps à Malte, il aurait été capable de traduire le Nouveau Testament en maltais. Il a publié à Milan, il y a environ 20 ans, le Nouveau Testament en italien (*Nuovo Testamento – versione nuova*) [Le Nouveau Testament – version nouvelle]. À cette époque, il était malade et donc incapable de corriger les épreuves, de sorte que plusieurs fautes d'impression s'y sont glissées. Toutefois, il m'écrit pour me dire qu'il publiera bientôt une nouvelle édition[299].

Cette période « d'il y a environ 20 ans » nous ramène en 1891, où la première édition de la version *Darby* du Nouveau Testament en italien fut publiée à Milan. Le nom du traducteur est clairement mentionné : il s'agit de Bevir, et non pas de Biava. Et en raison de sa grande érudition en grec, il a probablement travaillé à partir du texte grec original et d'autres traductions de Darby en différentes langues. Cette lettre nous apprend aussi, qu'à cette

---

297. Daniele Garrone, « Bibbie d'Italia. La traduzione dei testi biblici in italiano tra Otto e Novecento » [Bibles d'Italie. La traduction des textes bibliques en italien entre les XIXe et XXe siècles], dans *Cristiani d'Italia* [Chrétiens d'Italie], trad. libre, Rome, Italie, 2011, < www.treccani.it > (page consultée le 22 décembre 2013).

298. Sous le titre : *Il Nuovo Testamento: Versione Nuova riveduta sull'originale greco* [Le Nouveau Testament : nouvelle version révisée sur le grec original], trad. libre, Milano, Italia, Presso Giovanni Biava, 1891.

299. Karm Sant, « Protestant Maltese Bible Translation: The Gospel of Mark. 1914-1915 » [La traduction de la Bible par les protestants maltais, l'Évangile de Marc, 1914-1915], dans *Journal of Maltese Studies 13* [La revue des études maltaises 13], trad. libre, Malta University Press, 1979, p. 103, < http://melitensiawth.com > (page consultée le 7 avril 2014).

époque, sa santé n'était pas très bonne. Cela explique la présence de « plusieurs fautes d'impression ». Aussi, la nouvelle édition évoquée dans cette lettre est confirmée, par Bevir lui-même, dans une lettre écrite de Valence, le 25 novembre de la même année, dans laquelle il répond à Wisely :

> Je me dois d'abord entièrement au travail de traduction du Testament en italien. L'essentiel du travail est terminé, et la correction des épreuves ne devrait pas m'empêcher de faire d'autres choses en même temps, comme vous me le suggérez. Mais c'est certain que je ne pourrai pas me rendre à Malte tant que tout le travail sur la version italienne ne sera pas terminé[300].

Bevir est mort en 1922, et ce n'est qu'en 1930, grâce au travail d'un certain Alexander Carruthers, que cette deuxième édition fut publiée[301]. Nous citons la courte préface qui apparaît dans la réimpression de 1984 de cette édition :

> Cette version du Nouveau Testament est une réimpression de l'édition de 1930. E. L. Bevir, qui fut l'initiateur de l'édition de 1930, a cependant été incapable de la mener à terme. Le professeur *[Alexander]* Carruthers a assuré l'entière révision de cette traduction. Il s'est aidé des meilleurs textes grecs disponibles et les corrections ont été faites en accord avec les recherches les plus récentes sur le Nouveau Testament. Le travail du professeur Carruthers s'est échelonné sur plusieurs années et représente le fruit d'un labeur persévérant et méticuleux. Nous espérons que cette version sera utile à tous ceux qui, en Italie ou ailleurs dans le monde, s'appliquent à l'étude de la Parole de Dieu. Notre profonde reconnaissance va au Seigneur pour le travail précieux apporté par nos chers frères E. L. Bevir et A. Carruthers, et pour tous ceux qui ont

---

300. *Ibid.*, p. 109.

301. Sous le titre : *Il Nuovo Testamento: Nuova Versione dall'originale greco* [Le Nouveau Testament : nouvelle version du grec original], trad. libre, Presso Il Dispensator, 1930.

aidé à cette réimpression. « Et maintenant je vous recommande à Dieu, et à la parole de sa grâce, qui a la puissance d'édifier et de *[vous]* donner un héritage avec tous les sanctifiés » (Actes 20.32)[302].

L'auteur de cette préface est Stephen Carruthers, le fils d'Alexandre. Elle confirme à tout le moins qu'E. L. Bevir est l'initiateur du travail de traduction qui a conduit à la version *Darby* du Nouveau Testament en italien.

2.4.4.3 L'histoire de la version suédoise

Turner[303] et Weremchuck[304] ont tous deux écrit que le nom de Darby était lié à la traduction du Nouveau Testament en suédois. Darby a bien, à quelques reprises, mentionné dans ses lettres l'œuvre du Seigneur en Suède (vers la fin de sa vie)[305], mais il n'a jamais dit qu'il s'était impliqué directement dans le travail de traduction dans cette langue. Il a cependant fait un commentaire critique au sujet d'une traduction suédoise d'origine inconnue. Dans un article écrit en 1878, Darby dit :

> La traduction suédoise du passage de 2 Corinthiens 5.19 se lit comme suit : « Dieu a réconcilié le monde », et non : « Dieu était en Christ, réconciliant le monde avec lui-même. » Jusque-là, le D^r « W. » est excusable ; mais il connaît quand même le grec. C'est toutefois impardonnable pour le traducteur. J'imagine qu'il a suivi la version Luther qui traduit aussi ce passage de cette façon. Il n'y a aucune raison valable dans le grec de le traduire ainsi ; la Vulgate ne

---

302. J. N. Darby, *Il Nuovo Testamento : Nuova versione dall'originale greco* [Le Nouveau Testament : nouvelle version du grec original], trad. libre, Lancing, Royaume-Uni, Kingston Bible Trust, 1984. Traduction libre et personnelle de la préface.
303. Turner, *Unknown and Well Known*, p. 91-92.
304. Weremchuk, *John Nelson Darby*, p. 169.
305. Voir Darby, *Letters of J. N. D.*, vol. 3, p. 454 (en août 1877) ; vol. 2, p. 438 (à l'éditeur du *Français*, un journal Catholique, en 1878) ; vol. 3, p. 374 (en 1880) ; *Le Messager Évangélique*, 1893, p. 281 (de Londres, à un certain M. « G. », le 1er mars 1880) et Darby, *Letters of J. N. D.*, vol. 3, p. 323 (Londres, le 28 février 1882).

le fait même pas. Loin d'avoir été réconcilié avec Dieu, le monde l'a plutôt rejeté lors de sa première venue sur la terre. D'où le ministère de l'apôtre Paul qui les exhorte à être réconciliés avec Dieu. Pour moi, il n'y a aucune autre façon de traduire ce passage[306].

Plus loin dans cet article, il reconnaît : « Je me sers de la traduction du D^r "W." en anglais, et non de son article écrit en suédois, que je ne comprends pas, quoique je l'aie en ma possession[307]. »

En dehors de ces quelques références, il semble qu'il n'existe aucune autre source documentée liant directement ou indirectement Darby au travail de traduction en suédois. Cependant, il est intéressant de noter que la version *Darby* du Nouveau Testament en suédois est toujours publiée aujourd'hui, même si son histoire ne peut être entièrement retracée. Voici un extrait de sa préface :

> Cette traduction du Nouveau Testament a été faite à partir de la traduction que Darby a faite du Nouveau Testament grec en anglais, français et allemand. Les précieuses notes présentes dans la version *Darby* en anglais ont été traduites et ajoutées. Comme dans la version anglaise, le texte grec a été traduit aussi littéralement que possible, dans le choix des mots et des formes verbales, voire l'ordre des mots, même si ces choix l'ont été parfois aux dépens d'une formulation linguistique plus acceptable. [...] Notre prière est que le Seigneur bénisse ce Nouveau Testament, un outil d'étude par lequel il sera possible de s'enraciner encore plus profondément dans la compréhension de sa Parole. Ceux qui ont travaillé sur ce projet de traduction ne prétendent pas être des experts en la matière. Leur seul but a été de rendre disponible dans notre langue l'œuvre précieuse de Darby. En plus des trois traductions de Darby mentionnées plus haut, les éditions standards suédoises de 1883 et de 1917 ont été consultées avec la traduction de Lektorernas de 1896 et celle de P. P. Waldenström de 1904 pour

---

306. John Nelson Darby, « The Atonement » [L'expiation], trad. libre, dans *The Collected Writings of John Nelson Darby*, vol. 29, p. 253.

307. *Ibid.*, p. 273. À la page 278, il ajoute : « Je ne connais pas la langue suédoise. »

comparer le texte. Le texte grec d'Étienne de 1550 a aussi été largement consulté[308].

2.5 Conclusion

Le travail de traduction de John Nelson Darby est une œuvre impressionnante. Il a personnellement traduit le Nouveau Testament en allemand, en français et en anglais. Il a également traduit l'Ancien Testament en français et en allemand, et une partie en anglais. Ces traductions ont ensuite été utilisées pour en faire des versions en néerlandais, en italien et en suédois. Le chapitre suivant tentera d'identifier les objectifs du travail de traduction de Darby.

---

308. J. N. Darby, *Nya Testamentet : En Ny Översättning Från Det Grekiska Originalet Av J. N. Darby, Översättning Till Svenska Från De Engelska, Franska, Och Tyska Upplagorna* [Le Nouveau Testament : une nouvelle traduction à partir du grec original par J. N. Darby, traduction en suédois à partir des éditions anglaise, française et allemande], trad. libre, Göteborg, Sweden, A. B. Petersons Forlag, 1961, préface.

CHAPITRE 3

LES OBJECTIFS DU TRAVAIL DE TRADUCTION DE DARBY

3.1 Introduction

Philip W. Comfort a déclaré que la connaissance des mots hébreux et grecs s'était beaucoup développée vers la fin du XIXe siècle, en particulier à cause des découvertes récentes de manuscrits grecs et de la publication de trois excellents textes grecs du Nouveau Testament[1]. Comfort a aussi écrit : « Il y avait donc un énorme besoin de posséder une nouvelle version en anglais basée sur un meilleur texte, capable de traduire avec plus

---

1. Philip W. Comfort, *The Complete Guide to Bible Versions* [Le guide complet des versions de la Bible], trad. libre, Wheaton, Ill., Living Books, 1991, chapitre 5. Les trois textes grecs mentionnés par Comfort ici sont ceux de Tregelles, Tischendorf et Westcott et Hort. La bibliothèque de Darby (voir Sotheby, *et al.*, *Catalogue of the Library of the Late John Nelson Darby*, p. 10-11, 14, 24) contenait quelques éditions de manuscrits grecs publiés par Tischendorf, ainsi qu'un Nouveau Testament grec publié par Tregelles. La première édition de Westcott et Hort fut publiée en 1881, c'est-à-dire plusieurs années après que Darby eut produit ses traductions en allemand, en français et en anglais.

de précision les langues originales[2]. » Comfort ajoute enfin que la *New Translation* de John Nelson Darby publiée en 1871 est un exemple du rare désir de quelques-uns de répondre à ce besoin[3]. Alfred Kuen, théologien français et traducteur de la Bible, a écrit en parlant de la Bible allemande (*Elberfelder Bibelübersetzung*) que son but principal se résumait « à l'exactitude littérale au détriment de l'élégance du style », ajoutant « qu'il n'est pas question ici d'esthétique mais de compréhension […]. Elle est très utile en particulier pour quiconque désire faire une étude méticuleuse du texte[4] ». William MacDonald partage une opinion semblable :

> La *New Translation* de J. N. Darby publiée en 1882 [sic] (beaucoup plus tôt pour le N. T.), la *English Revised Version* de 1881 et ses éditions américaines, ainsi que la *American Standard Version* de 1901, sont toutes extrêmement littérales. Cela en fait, d'une part, d'excellentes versions d'étude très utiles pour approfondir la Parole de Dieu, et d'autre part, des versions qui sont peu pratiques pour l'adoration, la lecture publique et la mémorisation[5].

G. W. Turner, l'un des biographes de Darby, rapporte « qu'en raison de son insatisfaction des différentes versions bibliques existantes en français et en allemand, Darby décida de travailler à de nouvelles traductions dans ces deux langues avec des

---

2. Comfort, *The Complete Guide to Bible Versions*, chapitre 5.

3. *Ibid.*

4. Alfred Kuen, *Une Bible et tant de versions*, Saint-Légier, Suisse, Éditions Emmaüs, 1996, p. 17. Soulignons que M. Kuen n'était absolument pas un partisan de la traduction littérale, ou mot à mot. *La Bible du Semeur*, dont M. Kuen a été un acteur important, est une traduction basée sur les principes de l'équivalence dynamique. Il a aussi publié *Parole Vivante*, qu'on pourrait qualifier de paraphrase et que l'auteur lui-même décrit comme « une transcription pour notre temps ». Alfred Kuen a affirmé que Darby avait mis seulement trois mois pour faire sa traduction du Nouveau Testament (voir Kuen, *Une Bible et tant de versions*, p. 62).

5. William MacDonald et Art Farstad, éd., *Believer's Bible Commentary: Old and New Testaments* [Le commentaire sur la Bible pour le croyant], trad. libre, Nashville, Tenn., Thomas Nelson, 1995, p. 19.

collaborateurs allemands et français⁶ ». Il dira plus loin que « Darby n'était pas pressé de produire une nouvelle traduction de la Bible en anglais, puisqu'il considérait la version *King James* satisfaisante pour les croyants en général, et il les encourageait à l'utiliser. Toutefois, il décida de faire une version très littérale du Nouveau Testament en anglais pour en faire *une version d'étude*⁷ ». Weremchuck, un autre biographe de Darby, a écrit que « la version *Darby* en français a été faite pour les francophones en Suisse⁸ ». Cependant, un biographe inconnu de W. J. Lowe soulève un point intéressant au sujet des objectifs du travail de traduction de Darby :

> Ayant été un proche collaborateur de J. N. D., surtout en matière de traduction, il [*Lowe*] partageait le même enthousiasme et la même joie que Darby au sujet de la traduction, laquelle visait les démunis du troupeau et l'aide et la protection qu'elle leur apporterait en ces temps de plus en plus difficiles. J. N. D. a sans cesse répété que c'était par-dessus tout pour leur bénéfice qu'il avait entrepris cette tâche ardue⁹.

Selon ces auteurs, l'objectif de Darby dans son travail de traduction était de produire une traduction aussi littérale que possible, qui rende avec plus de précision le texte original, pour une étude minutieuse et approfondie de la Parole de Dieu, destinée en particulier aux frères pauvres. Ce qui suit corroborera cet objectif.

La préface des différentes traductions de Darby constitue la principale source de renseignements permettant d'identifier

---

6. Turner, *Unknown and Well Known*, p. 143.
7. *Ibid.*, p. 143-144, italiques pour souligner.
8. Weremchuk, *John Nelson Darby*, p. 170. Dans la préface de sa première édition du Nouveau Testament en français, Darby a clairement indiqué que certaines expressions utilisées en Suisse avaient été considérées lors de la traduction française du texte grec (Kelly, *The Collected Writings of John Nelson Darby*, vol. 13, p. 202).
9. *A Brief Account of the Life and Labours of the late W. J. Lowe*, 1927.

l'objectif de chacune d'elles. De plus, son abondante correspondance, tant en français qu'en anglais, permet aussi de découvrir les buts de son travail de traduction. Les prochaines sections exposeront le but de chacune des versions en allemand, en français et en anglais. Ensuite, à la lumière de sources documentées, le but de ses autres traductions en néerlandais, en italien et en suédois sera énoncé. Dans la mesure du possible, les preuves seront présentées afin de démontrer que Darby a finalement atteint ses objectifs. Enfin, la conclusion présentera tous les résultats regroupés sous la forme d'une proposition claire et concise.

3.2 Les objectifs de Darby pour la traduction allemande

La raison principale qui a poussé Darby à faire sa propre traduction en allemand est certainement son insatisfaction au sujet des versions allemandes disponibles à ce moment-là. Il écrit dans la préface de sa première édition du Nouveau Testament en allemand :

> Publier une nouvelle traduction, c'est déclarer ne pas être satisfait de celles qui existent. Loin de nous de chercher des erreurs ou de juger le travail des autres, mais force est d'admettre que les citations répétées, du haut de la chaire, de nombreux passages à partir de l'original, la présence de la version améliorée de Luther et finalement le choix varié de nouvelles traductions qui ont envahi le marché depuis quelques années, démontrent clairement les besoins de notre époque[10].

Darby mentionne ici trois raisons distinctes à l'origine de cette nouvelle traduction : les citations répétées, du haut de la chaire, de nombreux passages à partir *[des langues ?]* originales, la version de Luther de la Bible en usage à l'époque de Darby, et les nouvelles traductions jugées nettement insatisfaisantes. Les

---

10. Kelly, *The Collected Writings of John Nelson Darby*, vol. 13, p. 167.

deux derniers points ont été examinés dans la section où Darby explique son mécontentement à l'égard des traductions bibliques allemandes. Mais que voulait-il dire au premier point par « les citations répétées, du haut de la chaire, de nombreux passages à partir de l'original » ? Bien qu'aucune explication ne soit donnée, il se peut, en raison de l'imprécision des différentes traductions disponibles, que les prédicateurs aient dû citer les passages directement du texte original de la Bible chaque fois que le besoin se faisait sentir. Ces prédicateurs avaient donc besoin d'une traduction très proche du texte original de sorte qu'ils n'aient plus besoin de se référer aux textes hébreu et grec que la majorité des croyants ne comprenait pas.

Nous avons déjà signalé que Darby était très critique de la version de Luther en allemand. Le ton qu'il adopte dans la préface de sa première édition du Nouveau Testament en allemand au sujet de cette version est beaucoup plus conciliant que celui retrouvé dans ses lettres. En effet, il a même fait un bel éloge de la personne et du travail de Luther dans le contexte de la Réforme. Darby reconnaissait bien que la traduction de Luther avait été utile dans le passé, mais « qu'aujourd'hui, les nouvelles exigences sont bien différentes[11] ». Ces nouvelles exigences, c'était l'étude approfondie de l'Écriture afin de mieux comprendre l'ensemble de la vérité, plutôt que de se limiter à la doctrine du salut, pour en arriver à connaître « la pensée et la volonté de Dieu dans son conseil révélé en ce qui concerne le monde et l'Assemblée[12] ». Puis il ajoute :

> Reconnaissant que l'étude et la compréhension des textes originaux n'est pas à la portée de beaucoup de croyants, *nous avons donc entrepris d'aider ceux qui n'avaient pas cette connaissance des langues originales, en leur donnant dans leur langue une traduction*

---

11. *Ibid.*
12. *Ibid.*

de la Parole de Dieu aussi proche que possible du texte original et ce, à un prix très abordable. Sans aucun doute, toute traduction a ses faiblesses, et nous ne considérons nullement notre traduction supérieure, au point de mettre de côté une version faite avec plus de perfection par quelqu'un d'autre. Qui peut en effet saisir l'énorme difficulté que représente la traduction des expressions d'une langue, en particulier du grec avec toute sa richesse, dans une autre, sinon ceux qui se sont consacrés à la traduction ? C'est en toute bonne conscience que nous pouvons affirmer que *c'est avec le plus grand soin que nous nous sommes dévoués afin de produire une traduction aussi fidèle que possible de la Parole de Dieu.* Et nous voudrions vraiment que le lecteur le plus hésitant la trouve facile à lire et à comprendre. Nous aurions pu améliorer le style de notre traduction en allemand, mais nous avons plutôt choisi ce qui à nos yeux était le plus important, c'est-à-dire de traduire fidèlement le texte original, sans être esclave des mots ; pour une raison simple : nous croyons – et c'est là notre intime conviction – que toute l'Écriture est inspirée de Dieu et qu'elle est la révélation de l'infinie sagesse de Dieu, et l'expression de toute sa personne en Jésus-Christ. Mais personne n'est capable de saisir toute l'étendue de cette révélation, et très souvent, la signification profonde d'une phrase reste cachée au traducteur. Elle serait donc perdue dans une traduction libre, mais pourrait, dans une traduction littérale, sous l'enseignement du Saint-Esprit, être révélée au lecteur. Il est donc tout à fait nécessaire de reproduire comme dans un miroir le texte original[13].

L'objectif de cette traduction est clairement énoncé : il s'agit d'aider ceux qui n'avaient pas cette connaissance des langues originales, en leur donnant dans leur langue une traduction de la Parole de Dieu aussi proche que possible du texte original et, ce, à un prix très abordable. Une fois qu'il eut achevé le Nouveau Testament en allemand, Darby envoya d'Elberfeld une lettre à Pierre Schlumberger en avril 1855, dans laquelle il disait :

---

13. *Ibid.*, p. 168, italiques pour souligner.

« Notre langage paraît très intelligible aux simples, et je crois qu'en somme nous avons donné le sens de l'Esprit plus fidèlement qu'on ne le trouvera partout ailleurs[14]. » Dans une autre lettre, écrite quelques jours plus tard et envoyée encore à Pierre Schlumberger, nous voyons qu'il exprime à nouveau sa satisfaction d'avoir atteint son but avec sa traduction en allemand : « Je ne doute pas que pour le sens on ait une bonne traduction, et quoique je n'aie pas été satisfait, les frères simples ont trouvé tout ce qu'ils en ont lu beaucoup plus intelligible que ce qu'ils avaient auparavant[15]. » Environ trois semaines plus tard, le 20 avril 1855, d'Elberfeld, Darby écrit cette fois-ci à G. V. Wigram : « Je crois que cette traduction représente ce qu'il y a de mieux et de plus exact, et les frères qui vivent dans la pauvreté trouvent cette version beaucoup plus facile à lire et à comprendre, comparée aux autres versions disponibles[16]. » Ainsi, ses lettres personnelles expriment encore une fois que Darby avait atteint son objectif principal, c'est-à-dire donner aux frères démunis une version fidèle qu'ils pouvaient comprendre, et même acheter.

Darby savait que les croyants en général n'avaient pas accès aux langues de la Bible, ni aux travaux académiques. Il voulait donc leur donner dans leur propre langue une version aussi proche que possible de l'originale. Il voulait que ceux qui n'étaient pas familiers avec les langues anciennes puissent profiter du travail des érudits. Darby insistait aussi pour que sa version soit d'un prix abordable. Il espérait que les frères démunis pourraient l'acheter pour moins d'un franc[17]. Darby décida donc de produire sa propre traduction, puisqu'aucune version allemande ne répondait à ces objectifs.

---

14. *Le Messager Évangélique*, 1899, p. 120.
15. *Ibid.*, p. 157.
16. Darby, *Letters of J. N. D.*, vol. 1, p. 243.
17. *Le Messager Évangélique*, 1899, p. 157.

Environ seize ans plus tard, alors que Darby travaillait sur sa version de l'Ancien Testament en allemand, ses buts étaient toujours les mêmes. Dans une lettre datée de 1870 et envoyée d'Elberfeld à H. M. Hooke, il écrit :

> En outre, je me suis lancé, avec toute l'aide dont je dispose, dans la correction, à partir de l'hébreu, de tout l'Ancien Testament. Cette œuvre n'a rien pour attirer les regards, mais je crois qu'elle sera utile à tous les croyants. En fait, ils n'avaient pas l'Ancien Testament ; c'était soit un texte plein d'erreurs, soit une traduction qui ne respectait pas la Parole de Dieu. [...] C'est très volontiers que j'accomplis ce travail, sachant que dans ces derniers jours, les frères devraient avoir en leur possession la Parole de Dieu dans une version aussi exacte que possible. Notre but est de la rendre accessible à tous les croyants en général, et j'inclus les pauvres, car ils seront toujours parmi eux. Et même avec le peu de connaissance que j'ai du grec et de l'hébreu, etc., j'estime que je sers le Seigneur et que je donne à ceux qui n'ont pas ces connaissances une version de la Bible aussi fidèle que possible au texte original[18].

Darby voulait donc fournir aux croyants une traduction de la Parole de Dieu aussi exacte et aussi fidèle que possible au texte original, en particulier aux pauvres. Finalement, un dernier objectif de Darby est mentionné dans une lettre datée de novembre 1876 et envoyée de Boston à Pierre Schlumberger : « La traduction de l'Ancien Testament est une grande œuvre ; je regarde en arrière avec étonnement en pensant à la traduction allemande. Je l'ai entreprise seulement parce qu'on ne s'occupait pas assez de l'Ancien Testament[19]. »

Nous pouvons donc résumer ainsi les objectifs de la version *Darby* en allemand :

---

18. Darby, *Letters of J. N. D.*, vol. 2, p. 65.
19. *Le Messager Évangélique*, 1902, p. 259.

1. Proposer une autre version, différente des traductions existantes, surtout celle de Luther, que Darby considérait comme la pire qui soit[20].
2. Fournir une traduction plus fidèle au texte original.
3. Donner aux croyants en général, et en particulier aux plus démunis des frères, une traduction qui soit facile à lire et à comprendre.
4. Proposer cette Bible à un prix abordable.
5. Encourager et développer l'intérêt des croyants pour l'étude de l'Ancien Testament.
6. Fournir une traduction qui éviterait aux prédicateurs d'avoir constamment recours aux langues originales de la Bible pendant les prédications.

Apparemment, de son propre aveu, Darby avait atteint ces objectifs dans sa version allemande, même s'il n'en était pas entièrement satisfait. Dans la préface de sa première édition allemande du Nouveau Testament, il écrit :

> Ce serait malvenu de notre part d'affirmer que notre travail ne comporte aucune erreur. Toutefois, nous espérons que ce livre sera utile aux lecteurs chrétiens. Du début jusqu'à la fin de la traduction, notre but principal a été l'exactitude. Nous avons donc traduit exclusivement à partir du texte grec, et comme mentionné plus haut, nous avons utilisé plusieurs traductions afin de trouver la meilleure expression pour chaque cas, afin de rendre toute la force du passage en question. Et si quelqu'un trouve utile de souligner, en privé ou en public, certaines erreurs présentes dans ce livre, nous serons heureux de les entendre car notre but est toujours d'offrir la Parole de Dieu en allemand dans une version aussi proche que possible du texte original[21].

---

20. Kelly, *The Collected Writings of John Nelson Darby*, vol. 14, p. 16.
21. *Ibid.*, vol. 13, p. 184.

La citation suivante, tirée de la préface de sa deuxième édition du Nouveau Testament allemand, souligne une fois de plus qu'il avait atteint ses objectifs :

> Nous ne pourrions pas publier cette deuxième édition du Nouveau Testament si le Seigneur n'avait placé son sceau d'approbation sur la première édition. Nous le louons pour cela. Nous croyons que notre travail est le fruit de sa volonté et de sa grâce, et qu'il a été utile et bien reçu par beaucoup de croyants. […] Du plus profond de notre cœur, nous remercions le Seigneur d'avoir mis sa bonne main sur l'ensemble de notre travail, qui a été reçu et lu par plusieurs chrétiens, pour leur profit, nous l'espérons. Nous plaçons maintenant cette deuxième édition entre ses mains, et nous le supplions de couronner de ses riches bénédictions nos efforts pour placer entre les mains des croyants une version aussi fidèle que possible de sa Parole[22].

3.3 Les objectifs de Darby pour la traduction française

Nous avons vu au chapitre 2, qu'au début de l'année 1855, Darby avait écrit une lettre à Pierre Schlumberger, envoyée d'Elberfeld, dans laquelle il lui disait : « La traduction française n'est pas aussi nécessaire que l'allemande, mais ce serait beau d'en avoir une pareille en français[23]. » Mais quatre ans plus tard, en 1859, son opinion a radicalement changé car, pour lui, « toutes les traductions de la Bible en français sont médiocres[24] ». Par conséquent, produire une traduction en français qui soit fidèle au texte original devient son principal objectif. Celui-ci est clairement exprimé dans sa correspondance, autant en français qu'en anglais. Par exemple, dans une lettre écrite à Pierre Schlumberger vers la fin de l'an 1857 et envoyée d'Angleterre, Darby dit :

---

22. *Ibid.*, p. 184, 186.
23. *Le Messager Évangélique*, 1899, p. 76.
24. Kelly, *The Collected Writings of John Nelson Darby*, vol. 14, p. 16.

Je fais ce travail seulement, cela est évident, pour que les frères possèdent (et d'autres, s'ils le veulent) ce qui est dit, ce qu'ils n'ont pas dans les autres traductions. – Si la version de Lausanne avait donné la vraie force du Nouveau Testament, il est de toute évidence que ce n'aurait pas été mon affaire de corriger le style, même si je le trouvais très laid[25].

Même si Darby reconnaissait que la version de Lausanne était « en général fidèle au texte[26] », il ne pouvait s'empêcher de faire remarquer : « il y a des difficultés particulières résultant de ce que le génie de la langue française ne répond pas à bien des abstractions grecques[27] ». Par conséquent, son but avec cette nouvelle traduction en français serait de fournir aux chrétiens une version qui exprime de la façon la plus exacte possible les nuances du grec telles qu'on les retrouve dans ses concepts, ses idées, sa grammaire et sa syntaxe. Darby était aussi soucieux du style à donner à la traduction. La contribution de Pierre Schlumberger afin d'atteindre ce but fut majeure : « En général, grâce à vos soins, il me semble que le style est coulant et agréable[28]. »

Le but de la première édition de la version *Darby* en français est clairement expliqué dans sa préface. Ainsi, le lecteur peut lire au tout début de la préface de l'édition « Vevey »[29] du Nouveau Testament en français (1859) les commentaires suivants des traducteurs :

Profondément convaincus de la divine inspiration des Écritures, nous avons cherché à les traduire en reproduisant aussi exactement que possible, en français, ce que Dieu nous a donné dans une autre langue, inconnue de la plupart des lecteurs de la Bible : nous avons

---

25. *Le Messager Évangélique*, 1899, p. 418-419.
26. Kelly, *The Collected Writings of John Nelson Darby*, vol. 24, p. 76.
27. *Le Messager Évangélique*, 1896, p. 395-396.
28. *Ibid.*, 1899, p. 456.
29. En anglais, ce nom est souvent orthographié incorrectement « Vevay ».

rendu le grec aussi littéralement que le comportait la clarté nécessaire à l'intelligence de ce qui est dit[30].

L'un des principaux soucis de Darby et de ses collaborateurs fut le défi de donner accès aux langues originales de la Bible à une majorité de croyants qui ne les connaissaient pas. Dans la mesure où la langue française le permettait, le texte grec fut traduit littéralement. Autrement, une note complémentaire fut introduite pour clarifier le sens. D'après le dernier paragraphe de la préface de la première édition de la version *Darby* en français[31], et d'après les différentes sources mentionnées plus haut (lettres), on peut discerner les objectifs suivants :

1. Fournir aux chrétiens une traduction littérale qui contribuerait à une meilleure compréhension de la Parole de Dieu, tout en étant facile à lire et à comprendre.
2. Reproduire plus fidèlement la Parole de Dieu en français pour les gens de cette époque.
3. Donner aux âmes une traduction qui les aiderait à croître spirituellement et dans laquelle Dieu serait glorifié.

Vers la fin de son travail de traduction de cette édition, Darby, dans une lettre écrite de Londres en février 1858 à Pierre Schlumberger, exprime sa confiance sur le fait que « la traduction sera bonne et intelligible[32] ». Puis, dans une autre lettre, postée de Droitwich le 28 mars 1861, Darby écrit :

> Je crois que pour ces trois langues nous avons une traduction meilleure que toutes celles qui ont paru jusqu'à présent ; parce que premièrement nous avons des ressources que les anciens ne

---

30. Kelly, *The Collected Writings of John Nelson Darby*, vol. 13, p. 187.
31. *Ibid.*, p. 203.
32. *Le Messager Évangélique*, 1899, p. 440.

possédaient pas, ensuite à cause du respect que nous avons pour la Parole, chose qui de toute manière exerce une immense influence[33].

L'affirmation « à cause du respect que nous avons pour la Parole » se réfère certainement à la ferme conviction que les traducteurs avaient de l'inspiration verbale et plénière de l'Écriture. C'est ce qui les a guidés dans tout le processus de traduction.

3.4 Les objectifs de Darby pour la traduction anglaise

La traduction de Darby en anglais avait des objectifs très différents de ceux des traductions en allemand et en français. Étant donné que Darby estimait que la Bible dite *King James* convenait parfaitement pour l'adoration et la lecture publique[34], il a donc orienté la sienne vers une version d'étude. Il est important de noter que les versions en allemand et en français ont été produites pour un usage aussi bien public que personnel.

Dans une lettre postée de Londres en juillet 1869, et envoyée à Pierre Schlumberger, Darby indique qu'il y a quelques complications avec le *Texte Reçu* et la *Version autorisée*, parce que les sources des textes « offrent quelque incertitude[35] ». On peut déduire de cette affirmation que l'un des buts de Darby pour sa traduction en anglais est de fournir une version corrigée de toute imprécision. À part cette référence, les lettres de Darby renferment peu de renseignements au sujet de ses objectifs pour la traduction en anglais. En revanche, la préface de chacune des éditions du Nouveau Testament en anglais donne assez

---

33. *Ibid.*, 1900, p. 298.
34. Voir Darby, *The Epistle of Paul the Apostle to the Romans* ; Kelly, *The Collected Writings of John Nelson Darby*, vol. 14, p. 16, 17. Dans un ouvrage rédigé en 1834-1835, Darby écrit que « de façon générale, la traduction de la *Version autorisée* en anglais est sans pareille » (John Nelson Darby, « *Scriptural Criticisms* » [Critiques des Écritures], trad. libre, dans *The Collected Writings of John Nelson Darby*, vol. 13, p. 21).
35. *Le Messager Évangélique*, 1901, p. 414.

d'informations pour en tirer des conclusions valables. La première traduction de Darby en anglais a été faite en 1856. Dans sa très courte préface, on peut lire :

> Il est utile ici d'informer le lecteur que lorsqu'un groupe d'éditeurs reconnus tels que Griesbach[36], Scholtz[37], Tischendorf[38] et Lachmann[39] sont unanimes pour encourager une traduction qui ne s'appuie pas sur le *Texte Reçu*, ils sont suivis, puisqu'il n'y a aucun profit à se baser sur un texte incorrect. Si c'est la volonté de Dieu que le Nouveau Testament soit publié en entier, l'évolution du travail de traduction sera totalement expliquée. Pour cette raison, nous n'avons pas jugé nécessaire de le faire pour ce court ouvrage. La traduction s'est faite directement et entièrement à partir du grec, *sans qu'il y ait eu la volonté expresse de changer le texte de la Version autorisée*, laquelle est très connue et appréciée autant par le traducteur que par tous[40].

Même si Darby apprécie la *Version autorisée*, il semble clair qu'il veut produire une traduction différente qui sera basée sur un meilleur texte grec, autre que celui du *Texte Reçu*, qui est à la base de la *Version autorisée*. De plus, il n'a pas l'intention de changer volontairement le texte de cette dernière. Puis, dans la

---

36. Allusion probable à Johann J. Griesbach, *Novum Testamentum Graece* (*Editio Nova*), Londres, Royaume-Uni, Impensis F. C. et J. Rivington, 1818. Darby possédait ce Nouveau Testament grec (voir Sotheby, *et al.*, *Catalogue of the Library of the Late John Nelson Darby*, p. 17).

37. Allusion probable à I. M. A. Scholz, *Novum Testamentum Graece*, Lipsiae, Sumptibus Friderici Fleischer, 1830-1836. Darby possédait aussi cet autre Nouveau Testament grec (voir Sotheby, *et al.*, *Catalogue of the Library of the Late John Nelson Darby*, p. 24).

38. Allusion possible à Constantinus Tischendorf, *Novum Testamentum Graece*, Paris, France, Editore Ambrosio Firmin Dido, 1842. Ce texte grec est la première de plusieurs éditions et révisions publiées par Tischendorf.

39. Allusion probable à Caroli Lachmanni, *Novum Testamentum Graece*, Berlin, Allemagne, G. Reimer, 1842. Cet ouvrage faisait également partie de la bibliothèque de Darby (voir Sotheby, *et al.*, *Catalogue of the Library of the Late John Nelson Darby*, p. 6).

40. Darby, *The Epistle of Paul the Apostle to the Romans*, trad. libre, italiques pour souligner.

préface de sa deuxième édition du Nouveau Testament en anglais, Darby écrit :

> *Mon intention n'a jamais été de produire un travail d'érudit.* Mais puisque j'avais accès à des livres d'études et à des sources d'informations inaccessibles à la majorité des lecteurs, pour qui, cependant, la Parole de Dieu est tout aussi précieuse, *j'ai voulu les faire profiter du fruit de mes études et de mes découvertes en leur donnant la Parole de Dieu en anglais, traduite aussi près que possible de l'original*[41].

Nous pouvons donc facilement identifier trois buts clairs qui ont dirigé la traduction de Darby en anglais :

1. Produire, non pas un travail de chercheur destiné aux érudits, mais plutôt une traduction de bonne qualité accessible à tous.
2. Mettre à la disposition de la majorité des lecteurs le fruit de ses études et de ses découvertes, tiré des livres d'étude et des sources d'information spécialisées.
3. Leur fournir une traduction en anglais aussi exacte que possible.

Même si Darby affirme n'avoir jamais voulu produire une version d'étude, les faits démontrent le contraire, comme en témoignent les notes complémentaires ajoutées au texte de la première édition et des éditions subséquentes. C'est sans doute la raison pour laquelle cette traduction « a été consultée par ceux qui ont préparé le *Revised New Testament* de 1881[42] ». Darby ajoute dans la même préface citée plus haut :

---

41. *Bible notes from the 1871 edition of the New Testament*, p. 403, italiques pour souligner.
42. Bruce, *History of the Bible in English*, p. 132.

J'ai retiré une joie immense et une grande satisfaction dans la traduction, car en elle j'ai pu connaître la pensée de Dieu avec plus de précision, ce que l'attention portée aux détails critiques n'a pu fournir puisque c'est un travail aride qui nourrit très peu l'âme[43]. C'est pourquoi, j'espère que les chrétiens verront dans cette version plus exacte le fruit de tous ces efforts. [...] Je me suis efforcé de donner au simple lecteur anglais une traduction aussi proche que possible de l'original. Ceux qui font une traduction pour un usage public doivent forcément y adapter leur travail de traduction. Cela n'a pas été mon cas car mon but était de donner à celui qui étudie la Parole de Dieu, et qui est incapable de lire les langues originales, une traduction aussi fidèle que possible[44].

Dans cette citation, Darby confirme que sa traduction en anglais était une version d'étude plutôt qu'une version d'usage public. De plus, il mentionne une catégorie particulière de chrétiens parmi celle, plus générale, du « simple lecteur anglais » : ceux qui étudient la Parole de Dieu. Nous pouvons ainsi reformuler à partir de ces nouveaux renseignements les buts évoqués précédemment :

1. Produire, non pas un travail de chercheur destiné à la classe des érudits, mais plutôt une traduction de bonne qualité accessible à tous les lecteurs de la Bible.
2. Par souci d'exactitude, mettre à la disposition de la majorité des lecteurs le fruit de ses études et de ses découvertes tirées des livres d'étude et des sources d'information spécialisées.
3. Leur fournir – en particulier à ceux qui étudient la Parole de Dieu – une traduction en anglais aussi exacte que possible.

---

43. Dans une lettre adressée à William Kelly et datée de janvier 1881, Darby écrit : « Mon but premier a toujours été la traduction, et non le texte en lui-même » (Darby, *Letters of J. N. D.*, vol. 3, p. 129).

44. *Bible notes from the 1871 edition of the New Testament*, p. 405, 408.

Dans la préface de l'édition 1890 de la première Bible entière de Darby en anglais, les éditeurs écrivent :

> Nous ne prétendons pas avoir parfaitement rendu le texte original ; néanmoins, nous espérons que le simple lecteur trouvera dans cette présentation un texte exact et compréhensible. C'est notre but. [...] Nous avons conservé le style de l'excellente version de la Bible communément appelée *Version autorisée* à laquelle nous sommes attachés, dans la mesure où cela s'accordait avec le principe d'exactitude recherché dans cette traduction. Le but a toujours été de faire bénéficier le lecteur anglais du travail de Monsieur Darby qui, rappelons-le, l'avait entrepris pour servir les intérêts des chrétiens à l'étranger. La forme ancienne des mots a été conservée dans le style soutenu, utilisé pour les déclarations directes de Dieu, et pour les parties poétiques[45].

Bien que Darby ait abandonné le *Texte Reçu*, qui était en fait le fondement de la *Version autorisée*, cette citation montre clairement que le style et la forme de la Bible *King James* ont néanmoins été conservés quand cela était possible. Le but de cette édition était donc de faire bénéficier le lecteur anglais du travail de traduction de Darby. Il a lui-même souvent mentionné que son travail était très dur. Il semble toutefois penser qu'il a atteint les objectifs qu'il s'était fixés dans son travail de traduction en anglais, comme en témoigne cette lettre écrite d'Elberfeld en 1870 à H. M. Hooke, alors que seulement trois évangiles avaient été traduits à ce moment-là :

> C'est très volontiers que j'accomplis ce travail, sachant que dans ces derniers jours, les frères devraient avoir en leur possession la Parole de Dieu dans une version aussi exacte que possible. [...]. Et même avec le peu de connaissance que j'ai du grec et de l'hébreu, etc., j'estime que je sers le Seigneur et que je donne à ceux qui n'ont pas ces connaissances une version de la Bible aussi proche que possible de l'original[46].

---

45. Darby, *The Holy Scriptures, édition de 1890*, p. v, vii.
46. Darby, *Letters of J. N. D.*, vol. 2, p. 65.

3.5 Les objectifs de Darby pour la traduction en d'autres langues

La traduction néerlandaise du Nouveau Testament, qui s'appuie sur le travail de traduction de Darby et est connue sous le nom de *Nouvelle traduction Voorhoeve*, était destinée aux chrétiens des Pays-Bas. La préface résume très bien les objectifs de cette traduction :

> Sans être naïfs au point de croire qu'une nouvelle version soit absolument nécessaire pour connaître la voie qui mène au salut, et sans diminuer l'excellence relative de la *Statenvertaling* [traduction d'État], le fait que nous ayons entre les mains de nouvelles ressources et de nouveaux outils, que n'avaient pas les traducteurs de la version précédente, ne pouvait être mieux démontré qu'en produisant une nouvelle traduction dans notre langue d'une partie de la révélation de Dieu [*N. T.*], au travers de laquelle les fruits du travail de plusieurs ont pu être rendus accessibles à tous. […] Notre but dans la traduction néerlandaise a été le même que pour les versions française, anglaise et allemande, qui nous ont servi de modèle, c'est-à-dire, de rendre aussi littéralement que possible ce que Dieu nous a donné dans le grec. […] Nous espérons que le lecteur trouvera dans cette traduction du Nouveau Testament une version fidèle qui reflète l'état actuel de la science des langues bibliques et de la traduction. Tous ceux qui ont en haute estime la Parole de Dieu apprécieront le fait de l'avoir dans sa forme la plus exacte possible[47].

Si les traducteurs ont fait une nouvelle version, ce n'est pas parce que la *Statenvertaling* était désuète ou qu'elle manquait de clarté et de précision dans son message, mais plutôt parce qu'ils voulaient donner aux Néerlandais une traduction plus précise et fidèle basée sur un meilleur texte grec. Nous voyons que ces buts étaient très semblables à ceux des autres traductions de Darby en anglais, en français et en allemand. Cette traduction fait aussi ressortir

---

47. Voorhoeve, *De Boeken, genaamd Het Nieuwe Testament*, p. v, viii, ix, trad. libre.

l'importance de l'état actuel de la science et de l'ajout de nouveaux outils utilisés dans le travail de traduction. Alors que l'un des motifs principaux de Darby pour entreprendre son travail de traduction était son insatisfaction concernant les versions existantes de son époque, il est clair que le motif de cette traduction a été le désir de produire une traduction plus exacte basée sur des nouvelles découvertes et sur un travail critique en constante évolution.

Daniele Garrone s'exprime de la même manière lorsqu'il décrit les buts de Darby pour la *Nouvelle Traduction* du Nouveau Testament en italien, faite par E. L. Bevir et imprimée par G. Biava à Milan en 1891 : le but de cette version « était de fournir une traduction qui soit aussi littérale que possible en s'appuyant sur les études les plus récentes et sur la découverte de nouveaux manuscrits[48] ». Dans la préface de la réimpression de 1984 de la seconde édition de 1930, on peut lire : « Nous espérons que cette version sera utile à tous ceux qui, en Italie ou ailleurs dans le monde, s'appliquent à l'étude de la Parole de Dieu[49]. » Finalement, on retrouve dans la préface de la version Darby du Nouveau Testament en suédois les mêmes buts énoncés :

> Notre prière est que le Seigneur bénisse ce Nouveau Testament, un outil d'étude par lequel il sera possible de s'enraciner encore plus profondément dans la compréhension de sa Parole. Ceux qui ont travaillé sur ce projet de traduction ne prétendent pas être des experts en la matière. Leur seul but a été de rendre disponible dans notre langue l'œuvre précieuse de Darby.

3.6 Conclusion

À partir des renseignements recueillis dans les écrits de Darby, les préfaces de chacune de ses versions en allemand, français, anglais,

---

48. Garrone, *Bibbie d'Italia*.
49. Darby, *Il Nuovo Testamento*.

néerlandais, italien et suédois, ainsi que dans les ouvrages de divers auteurs, nous pouvons maintenant énoncer les buts qui ont orienté Darby dans son travail de traduction : fournir à l'ensemble des chrétiens une traduction du texte original aussi fidèle que possible, une version plus exacte basée sur les découvertes récentes de manuscrits et sur un travail critique en constante évolution. Ce n'est pas un ouvrage d'érudition destiné à des spécialistes, mais plutôt une traduction de bonne qualité, intelligible, et facilement accessible à tous les lecteurs de la Bible, en particulier aux frères démunis. Elle fournira aux chrétiens en général, aux prédicateurs et à ceux qui veulent faire une étude plus poussée de la Parole de Dieu, une traduction littérale facile à lire qui contribuera à une meilleure compréhension et les aidera à progresser spirituellement. Dans une lettre écrite de Droitwich le 28 mars 1861 et adressée à Pierre Schlumberger, Darby exprime sa satisfaction pour son travail sur les versions allemande, française et anglaise. Il écrit :

> Je crois que pour ces trois langues nous avons une traduction meilleure que toutes celles qui ont paru jusqu'à présent ; parce que premièrement nous avons des ressources que les anciens ne possédaient pas, ensuite à cause du respect que nous avons pour la Parole, chose qui de toute manière exerce une immense influence[50].

Nous examinerons dans le chapitre suivant les principes qui sous-tendent le travail de traduction de Darby.

---

50. *Le Messager Évangélique*, 1900, p. 298.

CHAPITRE 4

LES PRINCIPES QUI SOUS-TENDENT LE TRAVAIL DE TRADUCTION DE DARBY

4.1 Introduction

Darby n'a jamais écrit de livre expliquant les principes qui ont guidé son travail de traduction. Cependant, ses écrits et ses lettres en parlent abondamment, et chacune des préfaces de ses traductions le fait avec de nombreux détails. Dégager les principes de ses traductions a été beaucoup plus facile que d'en identifier l'histoire ou les buts. L'objectif de ce chapitre n'est donc pas de faire un compte rendu intégral des préfaces des différentes traductions de Darby, dans lesquelles ses principes de traduction sont clairement identifiés, mais d'en présenter un développement historique et chronologique à partir de ses écrits. Cela permettra aussi de faire ressortir des points qui n'ont pas été mentionnés dans le chapitre sur l'histoire de son travail de traduction. La conclusion fournira un résumé des données recueillies dans ses écrits et ses préfaces.

Dans un premier temps, la section suivante introduira deux éléments importants qui ont été à la base du développement et de la mise en place des principes de traduction de Darby : sa compréhension de la doctrine de l'inspiration de l'Écriture et son évaluation critique d'autres traductions. Ses principes de traduction seront ensuite séparés en trois catégories distinctes : la théorie de la traduction, le travail critique et les points de vue doctrinaux. Ce chapitre se conclura par une analyse de la dynamique et des méthodes entourant son travail, y compris le travail d'équipe dans la révision et la correction des épreuves, les livres utilisés, l'emploi du temps et l'évaluation du travail.

4.2 Sa compréhension de la doctrine biblique de l'inspiration

Darby a considérablement écrit sur la doctrine biblique de l'inspiration de l'Écriture[1]. Une lettre datée de mai 1850 semble être

---

1. Par ordre chronologique, il a écrit : « *Letter on the Divine Inspiration of the Holy Scriptures or Remarks on the letter of Resignation of M. Le Professeur Edmond Scherer* » [Lettre sur la divine inspiration des Saintes Écritures, à propos de la lettre de démission de M. le professeur Edmond Scherer], trad. libre, dans *The Collected Writings of John Nelson Darby*, vol. 23, p. 1 (en 1850) ; « *Inspiration of the Scriptures* » [Inspiration des Écritures], trad. libre, *ibid.*, vol. 6, p. 359 (en 1858) ; « *Inspiration and Interpretation* » [Inspiration et interprétation], trad. libre, *ibid.*, vol. 9, p. 223 (en 1862) et « *Inspiration and Revelation* » [Inspiration et révélation], trad. libre, *ibid.*, vol. 29, p. 137 (en 1878). Darby a mentionné ce dernier article dans une lettre écrite de Londres le 7 avril 1878 et envoyée à Pierre Schlumberger (voir *Le Messager Évangélique*, 1902, p. 299). Darby a aussi publié deux articles non datés dans *Notes and Comments on Scripture* [Notes et commentaires sur l'Écriture], trad. libre, 7 vol., Jackson, N. J., Present Truth Publishers, 1883, édition électronique < www.presenttruthpublishers.com > : *Inspiration* [Inspiration], trad. libre (vol. 1, p. 260) et *Remarks on the Doctrine of Inspiration* [Remarques sur la doctrine de l'inspiration], trad. libre (vol. 4, p. 271). Critiquant le travail de traduction de Darby, un auteur anonyme a écrit : « Nous ne pouvons pas dire quel est le point de vue de Monsieur Darby quant à la doctrine de l'inspiration, sauf que s'il considère le sien comme étant au même niveau que celui de Paul, bien étrange en effet est sa compréhension ». Voir Charles H. Spurgeon, éd., « *Darbyism and Its New Bible* » [Le Darbyisme et sa nouvelle Bible], trad. libre, dans *The Sword and The Trowel* [L'épée et la truelle], trad. libre, Londres, Royaume-Uni, 1872,

le plus ancien écrit de Darby sur ce sujet². Publiée d'abord en français sous le titre de *Lettre sur la divine inspiration des Saintes Écritures, à propos de la lettre de démission de M. le professeur Edmond Scherer*, elle fut ensuite traduite en anglais³. Edmond Scherer, un ancien professeur de théologie à l'École théologique de Genève, avait envoyé une première lettre en novembre 1849 au président en poste, M. Merle d'Aubigné, lui expliquant la raison de sa démission. Il en était venu avec le temps à ne plus croire à l'inspiration divine du Nouveau Testament. De son propre aveu⁴, même si ce processus s'était opéré graduellement, il avait toutefois changé profondément son point de vue théologique. Puis, en avril 1850, Scherer profite d'une seconde lettre envoyée à un ami pour expliquer « la vérité évangélique » sur ce sujet⁵. Peu de temps après, Darby écrit :

> Une tierce personne m'a envoyé la lettre que Scherer a écrite au Dʳ M. d'Aubigné afin de connaître mon opinion. C'est avec discrétion

---

p. 519, < www.biblicalstudies.org.uk > (page consultée le 24 avril 2014). Manifestement, ce détracteur n'avait pas lu les écrits de Darby avant de le critiquer.

2. Postée d'abord comme une lettre personnelle, elle fut publiée un mois plus tard, soit en juin 1950. Darby a apparemment mentionné cet article dans une lettre écrite de Londres et envoyée à Pierre Schlumberger en juillet 1851 : « Mais j'ai été occupé à autre chose aussi, c'est-à-dire aux attaques dirigées contre l'inspiration de la Parole. J'ai acheté à Paris ce que j'ai pu trouver de la *Revue Théologique* de ces Messieurs, et je me suis mis à examiner leurs assertions, les difficultés qu'ils allèguent, et ensuite j'ai examiné les Pères, les écrits qui leur sont faussement attribués, les historiens ecclésiastiques, les *"Anleitungen"* (les introductions) au Nouveau Testament ; les réponses à Strauss et à Scherer, en rapportant cependant le tout à l'examen de la Parole. Si vous saviez toutes les niaiseries qui sont honorées du nom de savoir ! » (*Le Messager Évangélique*, 1922, p. 273-274.)

3. Sous le titre de « *Letter on the Divine Inspiration of the Holy Scriptures or Remarks on the letter of Resignation of M. Le Professeur Edmond Scherer* », dans *The Collected Writings of John Nelson Darby*, vol. 23, p. 1.

4. Edmond Scherer, *La critique et la foi : deux lettres par Edmond Scherer*, Paris, France, Imprimerie de Marc Ducloux et Comp, 1850, p. 5, édition électronique, < www.books.google.ca >.

5. *Ibid.*, p. 4.

et une grande liberté que j'ai répondu. À plusieurs reprises, le ton était sévère, car ce que je critique, je le juge sévèrement[6].

La réponse de Darby nous donne plusieurs indications sur ce qu'il pense de la doctrine biblique de l'inspiration. Citant 1 Corinthiens 2.13 : « nous parlons, non point en paroles enseignées de sagesse humaine, mais en paroles enseignées de l'Esprit, communiquant des choses spirituelles par des moyens spirituels », il écrit :

> De quelle manière la doctrine de l'inspiration pourrait-elle être le mieux représentée, sinon dans les « paroles enseignées de l'Esprit » ? Quand l'apôtre communique les vérités que l'Esprit lui a enseignées, il emploie des mots que l'Esprit lui a également enseignés[7].

Selon la compréhension de Darby, les mots de la Bible sont ceux enseignés par le Saint-Esprit et inspirés par lui[8]. Pour lui, l'inspiration est une notion bien réelle ; une vérité révélée par les prophètes et reconnue par les apôtres et le Seigneur Jésus-Christ[9]. L'Écriture constitue « l'ensemble des écrits qui possèdent l'autorité de la révélation – des oracles de Dieu[10] ». Darby ajoute ensuite :

> On entend souvent dire : « On ne peut pas se fier à l'Écriture comme étant l'autorité en matière de foi et de conduite puisqu'il y a des variantes textuelles, des mauvaises traductions et des affirmations qui ne résistent pas aux nouvelles connaissances. » Le Seigneur, pour ainsi dire, s'est donc trompé ! Mais n'y avait-il pas à l'époque du Seigneur Jésus la présence de variantes textuelles, des mauvaises traductions (en particulier celle de la Septante, comme indiqué

---

6. Kelly, *The Collected Writings of John Nelson Darby*, vol. 23, p. 6-7.
7. *Ibid.*
8. Darby avait toutefois un autre avis sur les livres apocryphes. Par exemple, il qualifia « d'absurde et même de ridicule » l'épître de Barnabas (*ibid.*, p. 19). Le fait de les inclure dans la Bible constituait pour lui un acte d'infidélité.
9. *Ibid.*, p. 6, 15.
10. *Ibid.*, p. 12.

dans la lettre) et d'apparentes incohérences ? Et pourtant, cela ne l'a pas empêché de dire que « l'Écriture ne peut être anéantie ». […] Ces choses existaient aussi du temps de l'apôtre lorsqu'il parla de l'Écriture comme étant « les oracles de Dieu ». Tout cela n'a pas empêché le Seigneur d'en reconnaître l'autorité en toutes circonstances[11].

Il est clair que, pour Darby, la présence de variantes textuelles et de différences dans les traductions n'affectait en rien l'autorité de la Parole de Dieu[12]. Il ajoute encore :

Le cœur qui est enseigné par Dieu est rempli de joie et de paix, et il discerne et reconnaît qu'il l'est par le seul moyen de la Parole de Dieu. Il se peut que ce soit au travers d'une mauvaise traduction, dans laquelle des éléments manquent ; mais Dieu, par souci de sa Parole, a veillé sur elle afin qu'il en reste suffisamment pour enseigner avec certitude sa vérité et ses voies dans le cœur du chrétien. […] Un homme qui a peu de connaissance, mais qui est assis aux pieds de Dieu pour y être enseigné, est certainement davantage en mesure de comprendre l'ensemble de la vérité biblique, même s'il a entre les mains une mauvaise traduction, qu'un homme très instruit, mais qui ne connaît pas Christ comme son Sauveur et son Seigneur, qui pense pouvoir être le juge de tout le canon de l'Écriture[13].

Même si les manuscrits présentent quelques variantes textuelles, la Parole de Dieu ne renferme en elle-même aucune inexactitude, erreur ou contradiction[14]. Il semble qu'à mesure que

---

11. *Ibid.*, p. 15-16.

12. Dans une lettre envoyée au professeur Tholuck (en 1855 ?), Darby a écrit : « La Parole, à savoir les Écritures inspirées de Dieu, c'est-à-dire la Bible, est l'autorité qui forme leur foi ; elle est le fondement, et ce qu'ils reconnaissent comme devant gouverner leur conduite. Le Saint Esprit seul peut la rendre efficace pour la vie et pour la pratique » (voir Darby, *Letters of J. N. D.*, vol. 3, p. 305 et *Le Messager Évangélique*, 1913, p. 154).

13. Kelly, *The Collected Writings of John Nelson Darby*, vol. 23, p. 19.

14. W. J. Lowe a émis les avertissements suivants concernant les variantes textuelles en lien avec la doctrine de l'inspiration biblique : « Les variantes textuelles mises en évidence grâce aux études méticuleuses des manuscrits récemment découverts sont et seront toujours de plus en plus utiles pour la reconstitution du texte dans son état original. Toutefois, dans

le temps passait, Darby devenait de plus en plus inquiet devant le comportement affiché par plusieurs soi-disant évangéliques, relativement à la doctrine biblique de l'inspiration[15]. Deux lettres écrites vers la fin de sa vie témoignent de ce fait. Dans la première, écrite de Londres le 7 novembre 1877 et envoyée à nouveau à un certain M. « M. », Darby écrit : « Je crois que l'attente du Seigneur devient plus réelle, et qu'elle s'étend ; mais l'incrédulité et le rejet de l'inspiration de la Parole s'étendent aussi et s'emparent des ministres[16]. » Dans la seconde lettre, écrite de Belfast le 1er janvier 1878 et envoyée à un certain M. « G. », il écrit : « En Angleterre et en Écosse, l'incrédulité porte le front haut, et envahit le pays. Les ministres évangéliques se montrent excessivement lâches et abandonnent l'inspiration de la Parole au gré des méchants[17]. » Cela explique en partie les raisons pour lesquelles il a tant ressenti l'urgence d'écrire sur ce sujet.

En 1853, Darby a donné un témoignage personnel remarquable sur l'importance absolue que revêt pour lui la doctrine de l'inspiration biblique. Dans la préface d'une réplique adressée à Francis William Newman[18], Darby écrit :

---

l'attente de ce jour, si jamais nous y parvenons, où le texte sera complètement restauré avec une certitude absolue, nous devons faire la différence entre ceux qui s'appliquent avec droiture et fidélité à étudier la Révélation que Dieu leur a donnée, et ceux qui sans relâche cherchent par tous les moyens possibles à prouver que l'Écriture n'est pas divinement inspirée, en citant des erreurs et des contradictions qu'ils croient avoir trouvées dans la Bible » (W. J. Lowe, *Remarques sur les versions nouvelles du Nouveau Testament et en particulier sur celle de M. le prof. Hugues Oltramare de Genève*, Célas, France, p. 20, édition électronique, < http://bible.free.fr/archives/ > (page consultée le 29 avril 2014)).

15. Dans une lettre envoyée de Londres à un certain M. « M. » le 26 avril 1862, Darby écrit : « Sous certains rapports, je craindrais l'église libre autant que les rationalistes. […] Ils ne reconnaissent pas franchement l'autorité absolue et l'inspiration parfaite et divine de la Parole de Dieu. Ils transigent souvent, ils ne parlent pas avec la conviction profonde que cette Parole est la parole de Dieu » (*Le Messager Évangélique*, 1891, p. 292).

16. *Ibid.*, 1892, p. 171.

17. *Ibid.*, 1893, p. 272.

18. Ce Newman (1805-1897) était un « laïc, et aussi le frère du Cardinal Newman […] Homme aux tendances religieuses au départ, il devint graduellement un libre-penseur. L'ensemble de son œuvre est abondant et couvre des sujets comme la linguistique, les

S'il y a quelque chose (et rien de ceci n'a de valeur, si Dieu n'est pas avec nous) dont je puisse me vanter, c'est bien cette profonde et authentique foi (je crois qu'elle nous est divinement donnée) en la Bible. C'est en la lisant que j'ai été converti, illuminé, rendu vivant, et sauvé par le moyen de la grâce. C'est par la Bible que j'ai reçu la connaissance de Dieu afin de l'adorer dans toutes ses perfections – et de Jésus, le Sauveur, qui est joie, force et réconfort pour mon âme. Certains sont redevables à d'autres pour les avoir conduits à Dieu pour leur salut, d'autres le sont envers ces prédicateurs de l'Évangile – message que nous retrouvons dans la Bible ; d'autres encore le sont envers ceux qui font de la Bible leurs délices. Cela n'a pas été mon cas. Ce travail, qui est l'œuvre de Dieu, a été suscité en moi par le moyen de la Bible. […] Je souhaiterais ajouter un dernier commentaire au sujet de l'inspiration biblique. *C'est sans détour et en toute vérité que je voudrais vous faire part de cette conviction intime, profonde et limpide que Dieu m'a enseignée : que l'Écriture est inspirée de Dieu.* Par cela, je veux dire – et j'admets volontiers le fait qu'une traduction n'est pas parfaite – que lorsque je lis la Bible, je la lis comme étant véritablement la Parole de Dieu qui est et a l'autorité absolue dans ma vie[19].

Darby était à la veille d'entreprendre son travail de traduction de sa version du Nouveau Testament en allemand lorsqu'il a rendu ce témoignage. Cette conviction qu'il entretenait au sujet de la doctrine de l'inspiration de la Bible n'a jamais diminué ; au contraire, elle s'est affermie tout au long de sa vie, et en particulier durant tout le temps qu'il a consacré à son travail de traduction. Les extraits suivants, qui proviennent des préfaces de ses traductions en allemand, en français et en anglais, l'illustrent bien :

---

mathématiques, l'histoire, le domaine social et politique, et la religion » (Jackson, éd., *The New Schaff-Herzog Encyclopedia of Religious Knowledge*, vol. 8, p. 152).

19. John Nelson Darby, « *The Irrationalism of Infidelity: Being a Reply to "Phases of Faith"* » [L'irrationalisme de l'infidélité : voici une réplique aux « Phases de la foi »], trad. libre, dans *The Collected Writings of John Nelson Darby*, vol. 6, p. 3, 5, italiques pour souligner.

Préface du Nouveau Testament en allemand (1855) :

Nous aurions pu embellir notre traduction en allemand d'un beau style littéraire, mais nous avons plutôt choisi ce qui à nos yeux était le plus important, c'est-à-dire de traduire fidèlement le texte original, sans être esclave des mots ; la raison en étant fort simple : *nous croyons – et c'est là notre intime conviction – que toute l'Écriture est inspirée de Dieu* et qu'elle est la révélation de l'infinie sagesse de Dieu, et l'expression de toute sa personne en Jésus-Christ. […] Voilà ce qui, par-dessus tout, a guidé tout notre travail : cette profonde conviction que nous avions entre nos mains la Parole de Dieu[20].

Préface du Nouveau Testament en français (1859) :

Profondément convaincus de la divine inspiration des Écritures, nous avons cherché à les traduire en reproduisant aussi exactement que possible, en français, ce que Dieu nous a donné dans une autre langue, inconnue de la plupart des lecteurs de la Bible : nous avons rendu le grec aussi littéralement que l'exigeait la clarté nécessaire à la compréhension de ce qui est dit[21].

Préface du Nouveau Testament en anglais (deuxième édition, 1871) :

Je crois que l'Écriture est la Parole inspirée de Dieu, et que reçue par le Saint-Esprit, c'est par sa puissance qu'elle a été communiquée à et par des hommes mortels (ce qui est en soi une décision incroyable de la part de Dieu !)[22].

Nous pouvons en conclure que Darby était capable de faire la différence entre l'inspiration et la traduction. Il a aussi reconnu que certaines traductions n'étaient pas parfaites et que quelques-unes présentaient même des incohérences. Et pourtant, à aucun

---

20. Kelly, *The Collected Writings of John Nelson Darby*, vol. 13, p. 168-169, italiques pour souligner.

21. *Ibid.*, p. 187, italiques pour souligner.

22. *Bible notes from the 1871 edition of the New Testament*, p. 408, italiques pour souligner.

moment cela n'a eu d'incidence sur l'inspiration et l'autorité de la Parole de Dieu en ce qui concerne les manuscrits originaux. La traduction en elle-même n'est pas inspirée. C'est pourquoi cela confère à quiconque possède les qualifications requises le droit de la critiquer, ce qui était assurément le cas de Darby. Nous verrons donc dans la prochaine section quelques commentaires et évaluations critiques que Darby a faits de certaines versions bibliques disponibles à son époque. L'objectif n'est pas de répéter tout ce qui a été dit au chapitre 2 (voir section 2.2), mais seulement de présenter son point de vue critique, par rapport à certains des mécontentements qu'il a soulevés, afin de mieux comprendre ses propres principes de traduction.

4.3 Le point de vue critique de Darby sur d'autres traductions bibliques

Les raisons évoquées par Darby dans ses critiques des versions bibliques existantes à son époque se divisent en deux catégories : la théorie de la traduction (incluant le choix des mots et le style) et la critique textuelle (incluant le texte grec employé pour la traduction). Des exemples s'appliquant à chaque catégorie seront donnés dans la section suivante.

4.3.1 Le point de vue critique de Darby sur la théorie de la traduction

En commentant la version de Lausanne, Darby exprime déjà en 1845 une préférence marquée pour la traduction littérale de la Bible[23]. Dans une lettre écrite de Plymouth le 1er novembre 1845 et envoyée à un dénommé « B. R. », Darby écrit : « Je reconnais, dans cette traduction (celle qui existe), un travail consciencieux,

---

23. Par rapport au niveau de littéralité de la version de Lausanne, W. J. Lowe a écrit : « Parmi les plus récentes traductions, elle est sans doute la plus littérale, au point de mettre en danger la signification des mots, étant donné la différence qui existe entre les expressions

mais l'examen suivi que j'en ai fait m'a convaincu qu'elle est parfois un peu moins littérale qu'on ne le pensait[24]. » Ce commentaire exprime son point de vue critique par rapport à cette traduction et montre qu'il tient en haute estime la traduction littérale. En outre, Darby a aussi critiqué certains choix de traduction effectués dans différentes versions de la Bible. Par exemple, dans le passage d'Éphésiens 6.12, commentant les décisions prises par les traducteurs de la Bible anglaise dite *Version autorisée*, il écrit :

> Parce que les traducteurs de *[la Version autorisée]* avaient peur de la vérité suggérée par l'expression « les lieux célestes », ils l'ont remplacée par l'expression « les hauts lieux », modifiant ainsi le mot. Un changement similaire apparaît dans le livre de l'Apocalypse où, au chapitre 4, quelqu'un est assis sur le trône, et autour de ce trône, il y a vingt-quatre anciens assis sur des trônes ; mais bien que ce mot dans l'original soit assez semblable, les traducteurs ont changé le mot « trône » des anciens par le mot « siège ». Dans l'épître aux Éphésiens, les traducteurs ont eu peur de traduire le grec par l'expression « les lieux célestes », et ils l'ont remplacée par « les hauts lieux ». Toutefois, ce mot, qu'ils ont traduit par « haut » dans ce verset, est aussi le même qu'ils ont traduit par « céleste » partout ailleurs, comme dans 1.3[25].

Ici, Darby exprime son désaccord avec les traducteurs au niveau de leurs choix de mots. Il les critique aussi pour leur incohérence quand ils traduisent le même mot grec par plusieurs mots anglais. Cependant, il exagère probablement lorsqu'il dit que les traducteurs ont « changé le mot » parce qu'ils « avaient peur de la vérité ». Dans un article écrit en 1841 à Genève, Darby critique

---

idiomatiques en grec et en français » (Lowe, *Remarques sur les versions nouvelles du Nouveau Testament*, p. 16).

24. *Le Messager Évangélique*, 1896, p. 298.
25. John Nelson Darby, « *Substance of a Reading on Ephesians* » [Argument d'une lecture sur Éphésiens], trad. libre, dans *The Collected Writings of John Nelson Darby*, vol. 27, p. 97. Cet article a été écrit en 1874.

aussi le principe de traduction qui consiste à rendre deux mots ou expressions grecs par le même mot anglais : « Quoique, au premier abord, la ressemblance de l'expression *la plénitude des temps* dans Éphésiens 1.10 et Galates 4.4 soit, pour plusieurs, frappante dans plusieurs traductions, elle n'existe pas dans le grec[26]. » Et dans la note, il ajoute : « Aucune des versions de Martin, d'Ostervald ou de Lausanne ne traduisent l'expression en grec dans Galates 4.4 par *l'accomplissement (ou : la plénitude) du temps*[27]. »

Dans un autre article, Darby donne un exemple de contradiction dans le texte traduit, qui résulte de la compréhension que les traducteurs avaient d'une construction grammaticale précise dans le grec. Il écrit :

> On verra que j'ai traduit le verset 31 autrement que ne font Martin et Osterwald, qui sont l'un et l'autre également en défaut ici, et qui mettent ce verset en contradiction directe avec le verset 28. Les Juifs ne sont pas sauvés par la miséricorde faite aux gentils, s'il est vrai qu'ils soient ennemis, en ce qui concerne l'Évangile, à cause des gentils[28].

Ainsi, la manière dont un passage est traduit peut affecter son sens théologique. La traduction résultante associée à une théorie particulière de la traduction définit ce que Darby appelle le « style de la traduction ». La critique qu'il en a faite a surtout été dirigée contre les versions allemande et française. Nous avons vu que, même s'il portait un jugement sévère sur le texte grec utilisé pour la traduction de la *Version autorisée*, Darby avait

---

26. Darby, « *Some further developments on the principles set forth in the pamphlet, entitled On the formation of Churches and reply to some objections made to those principles* » [Quelques pensées supplémentaires sur les principes développés dans la brochure intitulée À propos de la formation des Églises et une réplique à certaines objections présentées contre ces principes], trad. libre, dans *The Collected Writings of John Nelson Darby*, vol. 1, p. 170.

27. *Ibid.*

28. John Nelson Darby, « Exposition de l'épître aux Romains », dans *Le Messager Évangélique*, 1873, p. 52.

en revanche une bonne opinion de son style. Dans un article rédigé en 1834-1835, il écrit : « Dans l'ensemble, la traduction anglaise de *[la Version autorisée]* a une valeur incomparable[29]. » Il a été dit précédemment que Darby a qualifié la version de Luther « d'affreuse[30] » et que toutes les versions françaises étaient à son avis « médiocres » et « excessivement pénibles *[à lire]* »[31]. Dans une lettre écrite d'Angleterre en 1857, il explique davantage son point de vue à Pierre Schlumberger lorsqu'il dit : « Si la version de Lausanne avait donné la vraie force du Nouveau Testament, il est de toute évidence que ce n'aurait pas été mon affaire de *corriger le style*, même si je le trouvais très laid[32] ». Il semble évident que, lorsque Darby parle du « style », il se réfère au principe de rendre avec fidélité le texte original. Autrement dit, cette fidélité au texte original exige une traduction littérale des mots, de la grammaire et de la syntaxe, selon le contexte. Voilà ce que Darby veut dire lorsqu'il parle de « donner la vraie force du Nouveau Testament ». Son point de vue critique sur le style des versions existantes en allemand et en français allait donc le forcer à faire mieux et, par conséquent, cela est devenu en soi un principe de traduction.

4.3.2 Le point de vue critique de Darby sur la question de la critique textuelle

Un exemple clair de la manière dont Darby aborde la question de la critique textuelle apparaît dans un ouvrage qu'il a écrit en 1875-1876. Commentant le passage d'Actes 8 sur le baptême de l'eunuque éthiopien, Darby dit simplement : « Le verset 37 des versions de Martin et d'Osterwald n'est pas authentique[33]. »

---

29. Darby, « *Scriptural Criticisms* » [Critiques des Écritures], trad. libre, dans *The Collected Writings of John Nelson Darby*, vol. 13, p. 21.
30. *Le Messager Évangélique*, 1899, p. 120.
31. Kelly, *The Collected Writings of John Nelson Darby*, vol. 14, p. 16-17.
32. *Le Messager Évangélique*, 1899, p. 419, italiques pour souligner.
33. John Nelson Darby, « *Meditations on the Acts of the Apostles* » [Méditations sur les Actes des apôtres], trad. libre, dans *The Collected Writings of John Nelson Darby*, vol. 25,

La même affirmation se retrouve dans les notes de bas de page de quelques-unes de ses éditions anglaises : « Le verset 37 dans *[la Version autorisée]* n'est pas authentique[34] ». Il apporte cette précision supplémentaire dans des notes de bas de page :

> Le *Texte Reçu* ajoute (verset 37) : « Et Philippe lui dit : Si tu crois de tout ton cœur, tu peux l'être. Et il répondit, et dit : Je crois que Jésus Christ est le Fils de Dieu. » Ce verset est absent des manuscrits ℵ B C H L P 13 31 61 et des versions Am Syrr Memph, et de beaucoup d'autres[35].

Il est donc clair qu'un des critères requis pour produire une traduction fidèle de la Parole de Dieu serait d'examiner avec attention les variantes textuelles des manuscrits et de consulter aussi d'autres sources. Au fil du temps, Darby a inclus dans ses traductions plusieurs notes de bas de page afin d'expliquer les raisons de ses choix, compte tenu des variantes textuelles.

C'est bien connu que Darby n'avait pas une haute opinion du texte appelé *Texte Reçu*[36]. Ce n'est donc pas étonnant de constater qu'il n'avait pas grande estime pour les versions bibliques basées sur ce texte, telles que les bibles *Ostervald* et *Martin* en français. Dans une lettre écrite de Londres en juillet 1869 et envoyée à

---

p. 350. Voir aussi *Le Messager Évangélique*, 1877, p. 203.

34. Darby, *The Holy Scriptures, édition de 1890*, Actes 8.37, italiques pour souligner.

35. John Nelson Darby, *The Gospels, Acts, Epistles, and Book of Revelation: Commonly called the New Testament: A new translation from a revised text of the greek original*, 3rd edition, revised [Les Évangiles, les Actes, les Épîtres et le livre de l'Apocalypse, généralement connus sous le nom de Nouveau Testament : une nouvelle traduction à partir d'une révision du texte original grec, 3e édition révisée], trad. libre, Londres, Royaume-Uni, G. Morrish, 1920, Actes 8.37. L'édition française du Nouveau Testament *La Bonne Semence* renferme une note qui affirme : « Quelques manuscrits ajoutent le verset 37 » (John Nelson Darby, *Le Nouveau Testament, traduction revue sur l'original grec pour la diffusion de l'Évangile*, éditions La Bonne Semence, Valence, France, Bibles et Publications Chrétiennes, 2006, p. 273).

36. Voir par exemple son commentaire dans la préface revue de la 2e édition du Nouveau Testament en anglais : « C'est bien connu que ni le *Texte Reçu* ni la version en anglais qui en découle n'ont de véritable autorité » (*Bible notes from the 1871 edition of the New Testament*, p. 403).

Pierre Schlumberger, Darby indique qu'il y avait quelques complications avec le *Texte Reçu* et la *Version autorisée* parce que les textes sources présentaient dans certains cas des incertitudes[37]. Celles-ci étaient évidentes dans quelques versions de la Bible en anglais et en français disponibles à son époque.

Le point de vue critique de Darby sur différentes versions bibliques de son temps, en particulier celles en allemand et en français, a permis de développer et d'établir le fondement de ses propres principes de traduction, qui seront exposés dans la prochaine section.

4.4 Les principes de traduction de Darby

La première sous-section présentera – sous la plume de différents auteurs – une vue d'ensemble des principes qui ont guidé Darby dans sa traduction. Ces principes seront ensuite séparés en trois catégories distinctes : la théorie de la traduction, le travail de critique textuelle et les points de vue doctrinaux.

4.4.1 Les principes de traduction de Darby selon différents auteurs

Nous avons vu au chapitre 2 que très peu de livres consacrent plus de deux ou trois paragraphes à l'œuvre de traduction de Darby, quelle que soit la langue de la traduction. Parmi eux se trouve *l'Histoire de la Bible en France*, par David Lortsch. Il affirme que la traduction de Darby en français n'a pas été faite à partir du *Texte Reçu*[38], commentaire qui rejoint ce que Darby a écrit dans les préfaces de ses traductions. Quoique Darby se soit éloigné de ce texte source, Lortsch croit qu'il a cependant conservé une approche conservatrice, sauf pour le passage des trois témoins (1 Jn 5.8). David Lortsch écrit aussi que la traduction française

---

37. *Le Messager Évangélique*, 1901, p. 414.
38. Lortsch, *Histoire de la Bible en France*, p. 148.

de Darby du Nouveau Testament a suivi les mêmes principes que ceux de la version de Lausanne[39]. Cette information est corroborée par Louis Burnier dans son livre sur l'histoire de la version de Lausanne. Burnier a écrit que Darby s'est en quelque sorte approprié leur travail à son avantage[40]. Les principes auxquels se réfère Lortsch peuvent se résumer ainsi : 1) la théopneustie[41] verbale ou plénière, une forme extrêmement rigide de littéralisme qui s'appuie sur la notion que chaque mot est inspiré, et 2) le respect de l'ordre des mots, autant que cela est possible.

Lortsch ajoute que Darby avait largement profité de cette version et avait pu en éviter les faiblesses parce que son approche littérale était supérieure, plus scientifique, et souvent plus réussie[42]. Un peu plus loin, Lortsch rapporte les commentaires d'un certain Ch. Porret, qui aurait dit : « Au fond, c'est cette traduction qui me paraît répondre le mieux à ce que désirent ceux qui cherchent la reproduction aussi exacte que possible de l'original sans que la langue soit trop sacrifiée[43]. » Porret a également rapporté le fait suivant :

> M. Frédéric Godet, avec lequel je parlais un jour de traductions, me dit : « Je ne les pratique pas. Mais en voici une avec laquelle je suis presque toujours d'accord quand je la consulte », et il me montra un petit volume avec l'indication *Pau-Vevey,* dont il fut très étonné d'apprendre que c'était la traduction de M. Darby[44].

---

39. *Ibid.*
40. Burnier, *La Version du Nouveau Testament dite de Lausanne*, p. 128.
41. Cette expression fut utilisée par un certain Émile Cadiot lors de la rédaction de sa thèse en théologie (voir Émile Cadiot, *Essai sur les conditions d'une traduction populaire de la Bible en langue française*, Strasbourg, France, Faculté de théologie protestante, 1868, p. 24).
42. Lortsch, *Histoire de la Bible en France*, p. 148.
43. *Ibid.*
44. *Ibid.*

William Kelly, un ami de longue date de Darby, a écrit une courte biographie de lui. Elle décrit les méthodes d'écriture de Darby ainsi que son approche méticuleuse :

> Monsieur Darby était un homme qui chaque fois qu'il étudiait l'Écriture, plaçait toujours le texte qu'il étudiait devant Dieu dans la prière afin d'en ressortir avec une lecture mûrement réfléchie. [...] Il prenait un plaisir fou à juxtaposer plusieurs idées dans une même phrase, en insérant parfois des parenthèses dans les parenthèses, dans le but évident d'exprimer pleinement une vérité, ce qui était une façon à lui d'établir des remparts contre l'erreur[45].

Cela explique en partie la raison pour laquelle la traduction de Darby est souvent considérée comme très exacte, mais difficile à lire. Kelly abonde dans le même sens quand il dit :

> Les écrits qui résultent de son approche méticuleuse de l'Écriture n'ont pas été, pour le simple lecteur, une expérience réjouissante, et dans le cas d'un survol rapide, ils étaient presque incompréhensibles ; de sorte que plusieurs croyants, même parmi les plus instruits, s'en éloignèrent parce qu'ils étaient incapables d'en saisir les profondes ramifications[46].

Toujours selon Kelly, Darby était un lecteur assidu de la Bible, peu importe l'endroit où il se trouvait.

La principale raison pour laquelle Darby a fait ses propres traductions a toujours été « de reproduire comme dans un miroir le texte original », rappelle l'auteure Marion Field[47]. Elle mentionne ensuite quelques-uns de ses principes de traduction. Il traduisait en essayant de conserver le « style d'écriture » du grec[48]. Elle

---

45. William Kelly, *John Nelson Darby as I Knew Him*, Belfast, Northern Ireland, Words of Truth, 1986, p. 10-11.
46. *Ibid.*
47. Field, *John Nelson Darby: Prophetic Pioneer*, p. 169.
48. *Ibid.*, p. 170.

précise ensuite que « puisqu'il ne pouvait pas rendre en allemand certains mots grecs sans être obligé d'utiliser une périphrase, il prenait soin d'en donner la définition au lecteur », tout en s'assurant aussi que ce dernier saisisse « la valeur actuelle de certaines monnaies mentionnées dans la Bible[49] ». Commentant sur la collection des textes de Darby (*Collected Writings*), elle écrit :

> Les études critiques ne comprennent qu'un seul volume. Il contient les préfaces de ses versions du Nouveau Testament en allemand et en français et d'autres renseignements concernant ses traductions. Ces études démontrent avec éclat l'attention que Darby accordait aux détails. Sa traduction de la Bible est reconnue comme étant exacte et fidèle aux langues originales. Dans ces études, Darby a écrit des sections qui traitent de l'utilisation des articles, des particules et des prépositions dans le grec, et du verbe à l'aoriste (du grec *aoristos* – « indéfini », « sans limitation »). Si Darby sentait qu'un mot devait être expliqué, il ajoutait une note. Il fait remarquer dans son étude au sujet des articles dans le grec, qu'à l'occasion, « le grec emploie l'article [...] alors que c'est l'inverse en anglais ». Sa discussion s'échelonne sur plus de soixante-dix pages ! C'est pour une utilisation personnelle qu'il a réalisé ses études sur les particules et les prépositions dans le grec du Nouveau Testament. Pour illustrer son point de vue, il cite des passages de la Bible en grec et en anglais[50].

Turner, quant à lui, affirme que Darby « a utilisé *tous les ouvrages disponibles* pour produire ses propres traductions des textes originaux[51] ». Darby identifie quelques-uns de ces ouvrages dans les préfaces de ses traductions.

---

49. *Ibid.*
50. *Ibid.*, p. 179.
51. Turner, *Unknown and Well Known*, p. 78, italiques pour souligner. C'est le cas de la deuxième édition des traductions française et anglaise. En ce qui concerne sa première traduction en anglais, Darby écrit que ce n'était pas son intention de créer sa propre version (*Bible notes from the 1871 edition of the New Testament*, p. 403). Lortsch a également mentionné que Darby avait « largement profité » de la version de Lausanne afin de produire

Nous verrons dans la prochaine section les principes de traduction utilisés par Darby tels qu'on les retrouve dans ses écrits.

4.4.2 Les principes de traduction de Darby

Le premier principe qu'il faut mentionner est la théorie de la traduction adoptée par Darby dans son travail de traduction.

4.4.2.1 La théorie de la traduction

Une simple lecture des préfaces de chacune des différentes versions en allemand, en français et en anglais permet d'identifier facilement la théorie adoptée par Darby : c'est celle de l'approche littérale. Bien que cette approche ait donné naissance à la plupart des versions bibliques à l'époque de Darby[52], la version *Darby* est quant à elle le fruit de ce que nous pourrions appeler « une approche très littérale ». Les extraits suivants proviennent de la première édition du Nouveau Testament en allemand et ils révèlent clairement cette approche :

> Nous aurions pu embellir notre traduction en allemand d'un beau style littéraire, mais nous avons plutôt choisi ce qui à nos yeux était le plus important, c'est-à-dire de traduire fidèlement le texte

---

la première édition de sa traduction en français (Lortsch, *Histoire de la Bible en France*, p. 148). En revanche, la deuxième édition est le fruit de son propre travail critique du texte grec (John Nelson Darby, *Les livres saints connus sous le nom de Nouveau Testament* [version nouvelle, 2ᵉ éd., 1872, réimpression 1980], Valence, France, Bibles et Publications Chrétiennes, 1980, p. vi).

52. Eugene Nida est généralement considéré comme le père de la théorie de l'équivalence dynamique dans le domaine de la traduction de la Bible (voir Wayne Grudem, *Translating Truth: The Case for Essentially Literal Bible Translation* [Traduire la vérité : un argument en faveur d'une traduction essentiellement littérale de la Bible], trad. libre, Wheaton, Ill., Crossway Books, édition Kindle, 2005, emplacements 741-746). À l'époque de Darby, cette théorie n'était pas aussi populaire qu'elle l'est aujourd'hui. Toutefois, elle avait déjà, au XIXᵉ siècle, quelques défenseurs. Voir par exemple la thèse d'Émile Cadiot, dans laquelle il plaide en faveur d'une position mitoyenne entre le « littéralisme servile » et la « paraphrase » (Cadiot, *Essai sur les conditions d'une traduction populaire de la Bible en langue française*, p. 55).

original, sans être esclave des mots. [...] Mais puisqu'il nous est impossible de saisir toute l'étendue de cette révélation, et que très souvent, toute la richesse d'un passage ou sa signification profonde, ne peut être exprimée ou comprise par le traducteur, et est donc perdue dans le cadre d'une traduction libre, mais pourrait, dans le cadre d'une traduction littérale, sous l'enseignement du Saint-Esprit, être révélée au lecteur, l'évidence même s'impose de reproduire comme dans un miroir le texte original. Toutefois, et c'est bien compréhensible, ce degré très élevé de littéralité ne doit pas transformer le texte traduit en une langue inintelligible qui serait ainsi dénuée de sens. Une autre raison pour faire une traduction aussi littérale que possible fut la conviction qu'il serait possible d'amener le lecteur non familier avec les langues de la Bible à une meilleure connaissance du style, des coutumes, et des différents courants de pensées et usages qui avaient cours à l'époque des écrivains des Évangiles[53].

Son approche peut donc être décrite comme littérale et cependant compréhensible. Elle inclut aussi le style, même si la question du style ne représentait pas un problème pour la version en anglais, d'une part parce que Darby avait essayé de conserver le style de la *Version autorisée*, et d'autre part parce que l'anglais était sa langue maternelle ; il en était autrement pour les versions en allemand et en français. En effet, Darby jugeait sa connaissance de la langue française insuffisante pour s'attaquer à la question du style, alors qu'il faisait ses premiers pas dans le domaine de la traduction avec la version de Lausanne. La citation suivante, qui provient d'une lettre écrite d'Angleterre et envoyée à M. « B. R. » le 23 septembre 1846, illustre bien ce problème :

> Ce qui avait donné lieu à ma question, c'était qu'il y a des difficultés particulières résultant de ce que le génie de la langue française ne répond pas à bien des abstractions grecques. [...] Le travail

---

53. Kelly, *The Collected Writings of John Nelson Darby*, vol. 13, p. 168.

aurait été inutile, parce que, pour l'idiome de la langue française, il est évident que je dois dépendre en quelque mesure d'autrui[54].

Au fil du temps, sa connaissance de la langue s'améliora au point qu'il joua lui-même un rôle grandissant dans la traduction de la Bible en français. Dans une lettre écrite d'Angleterre en 1857 et envoyée à Pierre Schlumberger, Darby écrit :

> En traduisant le Nouveau Testament en français, je ne puis naturellement prétendre à la correction du style, la langue n'étant pas ma langue maternelle, mais il y a d'autres cas où l'on veut changer ce qui est dit pour l'adapter au français. – Là je suis inexorable. – Je fais ce travail seulement, cela est évident, pour que les frères possèdent (et d'autres, s'ils le veulent) ce qui est dit, ce qu'ils n'ont pas dans les autres traductions. […] J'espère que nous nous sommes tirés d'affaire ; mais je préférerais renoncer tout à fait à ce travail que de changer ce qui est dit. Je crois que, malgré quelques taches, notre traduction sera un immense progrès[55].

Un des défis qui existent lorsque nous traduisons une langue dans une autre, c'est qu'il est impossible d'en conserver toutes les expressions et les caractéristiques. Cette réalité précise du domaine de la traduction représenta pour Darby l'un de ses plus grands défis, en particulier dans la traduction de la version française. Ainsi, dans la longue préface de la première édition du Nouveau Testament en français, Darby explique sans détour ce défi et comment il y a fait face. Il écrit :

> Ainsi nous rencontrons souvent dans la Parole des expressions qui, découlant du fond du mystère dans l'esprit de l'écrivain inspiré, donnent avec le secours de la grâce une entrée dans la liaison des

---

54. *Le Messager Évangélique*, 1896, p. 395-396.
55. *Ibid.*, 1899, p. 418-419. Voir aussi *Le Messager Évangélique*, 1900, p. 96-97, où Darby se plaint de la difficulté de la langue française à rendre les nuances de quelques phrases dans le grec.

diverses parties entre elles et dans celle de chacune de ces parties avec le tout. Conserver ces expressions du texte grec nuit quelquefois au style de la version ; mais lorsque la clarté de la phrase n'en souffrait pas, nous avons laissé subsister des expressions qui pouvaient contribuer à faire saisir toute la portée de ce qui se lit dans le texte grec. *Dans d'autres cas, où le français ne permettait pas de rendre le grec littéralement et où la forme de la phrase grecque paraissait renfermer des pensées qui auraient pu être plus ou moins perdues ou modifiées dans l'expression française, nous avons donné en note la traduction littérale*[56].

La question du style est liée aussi au fait que les auteurs de l'Écriture ont chacun écrit avec leur propre style. Darby en a tenu compte dans ses traductions :

> Nous avons souligné précédemment que lorsque cela était possible, nous avons décidé de ne pas modifier le style propre à chaque auteur de l'Écriture, toujours selon notre principe de traduire la Parole de Dieu aussi fidèlement que possible. Dans les cas où le sens est parfaitement compréhensible pour le lecteur, nous avons toujours gardé la construction primitive de la phrase telle qu'on la trouve dans le texte original, et ce n'est que lorsqu'une imitation de la construction de la phrase originale pourrait générer une ambiguïté, que nous l'avons modifiée, aussi bien que possible afin que le sens soit compris du lecteur[57].

Les coutumes de la Bible font également partie intégrante du style de la traduction, comme dans l'expression « se coucher à table » plutôt que « s'asseoir à table »[58]. Enfin, pour Darby, le style est fondamentalement une question de clarté. Il désirait que le « simple lecteur » puisse comprendre sans difficulté ce

---

56. Kelly, *The Collected Writings of John Nelson Darby*, vol. 13, p. 187, italiques pour souligner.
57. *Ibid.*, p. 173.
58. *Ibid.*

qu'il lisait. Dans une lettre écrite d'Elberfeld et envoyée à Pierre Schlumberger le 4 avril 1855, Darby écrit :

> Je ne doute pas que pour le sens on ait une bonne traduction, et quoique je n'aie pas été satisfait, les frères simples ont trouvé tout ce qu'ils en ont lu beaucoup plus intelligible que ce qu'ils avaient auparavant [...] Nous n'avons que les errata à mettre en ordre, et l'avant-propos où j'ai expliqué bien des choses simplement pour les simples, le but de notre travail étant de répondre à leurs besoins[59].

Par rapport à ce dernier point, il est clair que Darby prend un soin extrême afin de ne pas heurter les frères simples, de ne pas ébranler leur confiance dans l'Écriture, par des notes critiques sur la validité du texte. Dans un article écrit en 1870, Darby fait la mise en garde suivante :

> Quoique plusieurs aient été enclins à penser qu'ils pouvaient porter un jugement sur le texte en se servant de la publication de Tischendorf en anglais, j'aimerais ajouter que bien que nous lui soyons redevables pour son travail soigné et diligent (que je devrais être le premier à reconnaître), cette publication est plutôt déplorable. Nous avons le texte basé sur l'insuffisant *Texte Reçu*, et puis trois anciens manuscrits qui sèment le doute sur tous les autres, et ne permettent pas de trancher. Des soi-disant connaissances de base, qui soulignent que le manuscrit A n'est pas celui d'Alexandrinus dans les Évangiles, sont de toute évidence des notions inconnues pour le simple lecteur, ce qui le plonge dans le doute sans qu'il ait en retour des documents pour l'éclairer. [...] Que le simple lecteur prenne courage : il existe d'autres *[manuscrits]* qui nous permettent de vérifier et de corroborer ; et tout en reconnaissant que les copistes ont fait des erreurs, il n'y a aucun

---

59. *Le Messager Évangélique*, 1899, p. 157.

sujet de doute, que certains seraient malgré tout tentés d'exploiter, même en l'absence de recherches[60].

La section suivante expliquera de quelle manière la théorie de la traduction de Darby s'est développée par rapport à la traduction des mots.

a) La traduction des mots

Nous avons vu que Darby est devenu avec le temps plus critique au sujet de la *Version autorisée*. Il a reproché en particulier aux traducteurs de ne pas avoir traduit systématiquement un même mot grec par un même mot anglais. Dans un article rédigé en 1867, il critique ce principe adopté par les traducteurs de la *Version autorisée* :

> Le même mot grec, qui apparaît dans Jean 5.24 et qui est traduit en anglais par « condamnation », se retrouve aussi dans les versets 22, 27 et 29. Il faut savoir que le mot « condamnation » est un mot différent dans le grec. Et même si le résultat final est la condamnation, le choix de ce mot enlève néanmoins toute la force de ce passage. Dans la préface de la première édition, les traducteurs expliquent que si un mot grec revient plusieurs fois dans un passage, un mot différent en anglais est utilisé pour le traduire, chaque fois que cela est possible. Quoique nous ayons plusieurs raisons de nous réjouir de cette version en anglais, il n'en demeure pas moins que le principe énoncé plus haut et utilisé par les traducteurs est totalement faux[61].

---

60. John Nelson Darby, « *The Sinai manuscript and Tischendorf's English New Testament* » [Le manuscrit du Sinaï et le Nouveau Testament en anglais de Tischendorf], trad. libre, dans *The Collected Writings of John Nelson Darby*, vol. 13, p. 204-205.

61. John Nelson Darby, « *What do the Scriptures teach concerning judgment to come?* » [Qu'est-ce que les Écritures enseignent à propos du jugement à venir ?], trad. libre, dans *The Collected Writings of John Nelson Darby*, vol. 10, p. 378.

Darby fera donc tout son possible pour traduire systématiquement un mot grec par le même mot. Nous trouvons cela dans une lettre que Darby a écrite en 1868 à son ami William Kelly :

> J'ai terminé mon travail sur la Nouvelle Traduction[62]. J'en ai confié la relecture à une autre personne, j'ai corrigé des erreurs d'omission du verbe, et enfin, je me suis assuré autant que faire se peut d'avoir *une constance dans le choix des mots*. J'ai aussi inséré plusieurs notes, avec quelques clarifications ici et là, sans grand changement toutefois[63].

Darby savait toutefois que le sens à donner à un mot dépend du contexte dans lequel il se trouve. Nous voyons cela dans une lettre envoyée de Londres en 1859 à Pierre Schlumberger : « Je crois que quelques expressions auraient pu être harmonisées – mais l'idée de mettre en français le même mot pour le même mot en grec quand le sens n'est pas le même, ou lorsque le mot français ne répond pas exactement au grec, me paraît d'une absurdité qui saute aux yeux[64]. »

La clarté du texte et l'uniformité dans le choix de certains mots et expressions sont deux des principales caractéristiques des traductions de Darby. Ses lettres lui permettaient à l'occasion d'expliquer en détail les raisons motivant ses choix de mots. Par exemple, dans une lettre écrite d'Apeldoorn[65] et envoyée à Pierre Schlumberger en août ou septembre 1857, Darby dit :

---

62. La 2ᵉ édition en anglais ?
63. Darby, *Letters of J. N. D.*, vol. 1, p. 535, italiques pour souligner.
64. *Le Messager Évangélique*, 1900, p. 39. W. J. Lowe était du même avis. Critiquant la version de Lausanne en français, il écrit : « La règle qui consiste à traduire le même mot grec par le même mot français a énormément nui à la version de Lausanne parce qu'elle fut suivie de trop près par les traducteurs » (Lowe, *Remarques sur les versions nouvelles du Nouveau Testament*, p. 17).
65. Ce mot s'épelle « Appeldoorn » dans le document original.

> Quant au mot « évangile », permettez-moi de vous faire remarquer que je n'accepte pas l'idée de « ne pas faire de changements lorsque ce n'est pas nécessaire », parce que j'aime aller à la source, sans mépriser toutefois le secours que les traductions précédentes peuvent fournir. [...] Depuis que j'ai commencé, j'ai examiné tous les passages avec la Concordance WigraM. [...] Après quelque hésitation, nous avons conservé le mot « évangile », au lieu de dire « bonne nouvelle » ou « heureux message », expressions qui, quoique justes pour le sens, nous déplaisaient par leur familiarité[66].

Ces commentaires démontrent qu'il existe dans la Bible des mots qui sont trop importants à la foi chrétienne pour qu'on les traduise autrement que de la manière dont ils ont été traduits traditionnellement[67]. Toutefois, dans la préface de sa première édition du Nouveau Testament en français, Darby mentionne sa décision de mettre une lettre minuscule au début de certains mots importants tels « dieu », « esprit », « christ », etc., lorsqu'ils ne sont pas considérés comme des noms propres. Il explique largement sa décision :

> Nous avons à fournir maintenant quelques explications sur des points de détail. Et d'abord, il pourra paraître singulier que, sauf ce qui dépend de la ponctuation, nous ayons exclu les majuscules initiales dans tous les cas où il ne s'agit pas d'un nom propre comme tel. Ainsi nous avons écrit : « notre dieu », « notre père », « le fils », « la parole », « l'esprit »… Nous désirons que nos lecteurs comprennent bien le motif qui nous a engagés à imprimer ces mots d'une manière qui ne nous plaît guère à nous-mêmes et qui sera peut-être une occasion de surprise pour eux. Nous avons pris ce parti pour parer à un inconvénient qui nous a paru encore plus grand. En parlant de l'esprit, on trouve plus d'un passage où l'état

---

66. *Le Messager Évangélique*, 1899, p. 352-353.
67. Voir, par exemple, la décision des éditeurs de la *Nouvelle Bible Segond* (Villiers-le-Bel, France, Société Biblique Française, 2002) de traduire le verbe grec ἐγείρω (*egeirô*) par « réveiller », au lieu de sa forme habituelle « ressusciter ».

de l'âme et l'Esprit de Dieu sont tellement unis et mêlés ensemble qu'il aurait été hasardé ou même impossible de décider entre un petit e et une majuscule. Or si nous avions mis un petit e au mot esprit, et un grand D au mot Dieu, le résultat aurait été des plus fâcheux, et, en apparence au moins, une dénégation de la divinité du Saint-Esprit. Nous n'avions pas d'autre ressource que de suivre l'exemple du grec, et de ne mettre des majuscules qu'aux noms propres ; ainsi, quand Dieu est nom propre, il a une majuscule ; lorsqu'il est appellatif, il a un d minuscule. Nous avons suivi la même règle quant au mot Christ, qui peut être nom propre, ou avoir le sens de « oint ». Ce système d'orthographe nous a été désagréable, nous le répétons, mais il maintient le fond de la vérité, ce qui eût été impossible en en suivant un autre. Pour les lecteurs qui ont l'habitude du grec, cette habitude même ôte tout scandale[68].

Cette particularité fut toutefois abandonnée à partir de l'édition française de 1885. Il semble bien que Darby n'ait pas adopté ce principe dans ses traductions anglaises, excepté quelques passages (Ro 1.4 ; 8.9 ; 1 Co 2.12 ; Ga 5.25 et 1 Pi 3.18) dans lesquels il fait de brefs commentaires sur le mot « esprit ».

Il faut savoir que la langue grecque comporte plusieurs synonymes. En outre, chaque mot grec joue dans la nuance et possède de ce fait plusieurs sens. Sachant cela, Darby a traduit les synonymes par plusieurs mots en tenant toujours compte du contexte immédiat. Dans la préface de sa première édition française du Nouveau Testament, il donne cet exemple :

> Nous ne devions pas perdre de vue non plus la différence importante qu'il y a entre les expressions δοῦλος [*doulos*], διάκονος [*diakonos*] et ὑπηρέτης [*hupèrétès*]. Nous avons conservé, pour la première, le terme assez malsonnant de nos jours d'« esclave » ; le διάκονος [*diakonos*] était un homme qui servait à table ou ailleurs, sans être pour cela esclave ; le ὑπηρέτης [*hupèrétès*], dans l'origine

---

68. Kelly, *The Collected Writings of John Nelson Darby*, vol. 13, p. 192.

un rameur sur une galère, était un serviteur officiel, tel qu'un appariteur, par exemple. Lorsque le texte nous a permis de rendre ces différences en français, nous avons rappelé en note le mot grec[69].

Dans la même préface, d'autres explications touchant divers sujets sont fournies sur la traduction des mots : l'omission du pronom ἐγώ (*égô*), car Darby craignait qu'on en abuse ; la traduction du verbe grec προσκυνέω (*proskunéô*) par son équivalent français « rendre hommage » ; l'ajout de mots entre crochets pour signifier qu'ils n'apparaissent pas dans le grec mais qu'ils sont nécessaires pour une bonne compréhension du texte en français ; et la distinction entre ἐρωτάω (*érôtaô*) et αἰτέω (*aitéô*)[70]. En conclusion, voici ce que W. J. Lowe, l'un des collaborateurs de Darby pour la version française, a écrit :

> Nous ne soulignerons jamais assez l'importance de conserver dans une traduction, autant que cela est possible, le sens exact de chacun des mots, sans chercher à expliquer ce qui n'est pas clair dans l'original. [...] Et si j'avais à décrire le rôle d'un traducteur consciencieux, voici ce que je dirais : c'est celui qui se limite à donner le sens des mots et qui laisse l'Écriture dire ce qu'elle a à dire, même si le sens est obscur dans l'original[71].

b) La grammaire et la syntaxe dans la traduction

Il y a très peu de choses, dans les écrits et les préfaces des différentes traductions de Darby, qui permettent d'approfondir les principes qui l'ont guidé dans la résolution des problèmes de traduction liés à la grammaire et à la syntaxe. Il n'a même pas pris la peine de mentionner quelles grammaires et quels dictionnaires il avait utilisés, prétextant que ces livres « n'avaient rien de spécial puisqu'on s'en servait dans tous les domaines de

---

69. *Ibid.*, p. 196.
70. *Ibid.*, p. 196-200.
71. Lowe, *Remarques sur les versions nouvelles du Nouveau Testament*, p. 3.

la littérature[72] ». Néanmoins, il existe un nombre restreint de documents qui relatent des discussions plus ou moins étendues sur des problèmes liés à la structure grammaticale et syntaxique. Nous les retrouvons dans le volume 13 (études critiques) de la collection regroupant ses écrits (*Collected Writings*). Il comprend trois textes qui traitent de l'utilisation des articles dans le grec, un sur les particules et les prépositions, et enfin trois sur le verbe à l'aoriste. D'autres discussions, plutôt brèves, touchant quelques problèmes liés aussi à la structure grammaticale et syntaxique, sont relatées dans sa correspondance. Voici quelques exemples.

Premièrement, dans une lettre écrite de Londres et envoyée à Pierre Schlumberger au début de 1859, Darby discute des problèmes liés à l'utilisation de l'article grec, du datif et de l'ablatif. Il écrit :

> « R. » se plaint beaucoup aussi quant à l'article, mais ici je crois ses principes totalement faux ; il suppose que l'emploi de l'article en grec et en français est le même – il n'en est rien, et le reproduire même entre crochets fausserait souvent complètement le sens. Il ne comprend évidemment pas l'emploi de l'article en grec. La même chose quant à ses ablatifs « par ». C'est souvent ne pas comprendre l'emploi du datif. J'ai dû rester ferme sur plusieurs points et le mécontenter, mais cela m'a donné du fil à retordre. Je crains que quelquefois il n'ait été blessé, ce qui me ferait de la peine, mais son insistance là où j'étais sûr qu'il n'y avait que le manque d'habitude de la langue grecque, m'a pris beaucoup de temps. J'ai ajouté plusieurs crochets lorsque cela ne changeait pas le sens – pour reproduire, autant que possible, l'original même dans ses formes. Si je dois traduire, je ne peux pas fausser le sens pour satisfaire à un principe que je crois totalement faux. – Malgré

---

72. John Nelson Darby, *The Gospels, Acts, Epistles, and Revelation: Commonly called the New Testament: A new translation from a revised text of the greek original*, 2nd edition, revised [Les Évangiles, les Actes, les Épîtres et l'Apocalypse, généralement connus sous le nom de Nouveau Testament : une nouvelle traduction à partir d'une révision du texte original grec, 2e édition révisée], trad. libre, Londres, Royaume-Uni, G. Morrish, 1871, préface.

cela ses notes sont très utiles, parce qu'elles sont très minutieuses et très consciencieuses dans l'examen des détails, en sorte que je serais fâché de les perdre ; ma seule crainte, c'est de l'avoir troublé par mon refus de tenir compte de ses remarques grammaticales[73].

Sa grande connaissance des langues originales de la Bible a fait de lui la personne indiquée pour régler toutes les questions grammaticales. En outre, nous ressentons bien à travers ses paroles le côté parfois difficile et douloureux du travail en équipe durant la traduction.

Un autre sujet de difficulté majeure a été pour Darby la traduction des participes. Dans la préface de la deuxième édition du Nouveau Testament en allemand, il écrit :

> Le changement le plus important que nous ayons dû faire a été de diminuer le nombre de participes, puisque son usage n'est pas commun dans la langue germanique. Par exemple, le participe « disant » apparaît régulièrement dans le grec du Nouveau Testament, ce qui nous a obligés à le remplacer par l'expression « et dit » ou « comme il dit », etc. Le même principe a été aussi appliqué à d'autres participes, en gardant toujours à l'esprit notre but premier dans la traduction, celui de l'exactitude du texte traduit[74].

Puis, dans la préface de la deuxième édition du Nouveau Testament en anglais, il écrit : « J'ai cherché dans certains cas à rendre les particules avec plus d'exactitude[75]. » Enfin, dans deux lettres écrites de Londres et envoyées à Pierre Schlumberger, Darby souligne clairement l'importance que revêt pour lui la ponctuation dans la traduction. La première lettre est datée de février 1858 et la seconde de mai 1872 :

---

73. *Le Messager Évangélique*, 1900, p. 39-40.
74. Kelly, *The Collected Writings of John Nelson Darby*, vol. 13, p. 184-185.
75. Darby, *The Gospels, Acts, Epistles, and Revelation*, 1871, préface.

Bien-aimé frère, je pensais vous écrire et je reçois au moment même quelques petits fragments venant, je le pense, de Vevey. Je suis heureux de renouveler mes communications avec vous et je voulais aussi vous dire que « R. » m'a envoyé la première feuille où j'ai dû faire des corrections, soit pour la ponctuation, soit pour quelques mots[76].

Le passage de Colossiens 2.12 présente des difficultés dans le grec, c'est-à-dire dans la ponctuation et la construction de la phrase[77].

4.4.2.2 Le travail de critique textuelle

Darby avait déjà personnellement entamé, en 1845, un travail de critique textuelle dans le cadre de sa participation à la deuxième édition de la version de Lausanne en français. Dans une lettre écrite de Plymouth et envoyée à M. « B. R. » le 1er novembre de la même année, Darby explique sa méthode de travail :

> Voici ce que j'ai fait dernièrement dans un travail que j'avais entrepris sur le Nouveau Testament anglais : au commencement, je n'avais pas pensé à des améliorations critiques du *Texte Reçu*. Étant en voyage [...], j'avais mon Tischendorf comme livre de voyage. [...] J'ai une édition avec le texte de Scholz et, dans la marge, le *Texte Reçu*, celui de Griesbach et quelques autres. Je traduis sur cette édition, et je m'arrête quand il y a quelque différence. J'examine alors Griesbach, Scholz et Tischendorf. S'il y a accord entre eux, et que les témoins démontrent d'une manière peu équivoque le vrai texte, je l'accepte. S'il y a une variante de quelque importance, appuyée par un bon nombre de témoins, je mets, dans la marge, « plusieurs (ou quelques-uns) lisent » telle ou telle chose. Je ne touche pas la question, quand cela devient une affaire de critique, parce qu'il s'agit d'une traduction et non pas

---

76. *Le Messager Évangélique*, 1899, p. 456.
77. *Ibid.*, 1900, p. 58.

d'une édition critique. Si tous ceux qui ont examiné le texte sont d'accord, c'est une folie d'en faire une lecture erronée[78].

Rappelons-nous, qu'à cette époque, Darby travaillait sur la version de Lausanne en français, qui ne faisait pas partie de ses propres traductions. Toutefois, il donnait quand même son opinion sur des questions de variantes textuelles dans des notes qu'il envoyait par la suite aux traducteurs. Nous allons voir dans les sections suivantes l'évolution de son travail de critique textuelle au fil de son travail de traduction.

a) Comparaison entre les principaux textes grecs

Darby n'a pas pris de décision découlant de son propre travail critique du texte quand il a aidé, en 1845, le comité de la version de Lausanne. Il s'est plutôt rallié aux décisions prises par la majorité des experts du grec. Dans une lettre écrite de Nîmes et envoyée à Pierre Schlumberger le 16 janvier 1851, Darby exprime son appréciation et sa critique de quelques textes grecs :

> Je vous conseille de vous procurer l'édition grecque du Nouveau Testament de Griesbach, si vous en voulez une bonne. J'avais une petite édition de Tischendorf très commode pour voyager, mais que je n'aime pas comme édition ; il est décidément téméraire dans ses changements. Il existe une très jolie édition de Bagster, Londres, qui est une copie de l'édition de Scholz et beaucoup plus correcte quant à l'impression. Vous y trouvez en marge les variantes de Griesbach et autres. Le texte anglais se trouve sur la même page[79].

Quelques années plus tard, en 1854, il semble que le travail critique de Darby repose encore principalement sur une comparaison entre les quelques versions sous forme imprimée du texte

---

78. *Ibid.*, 1896, p. 297-299.
79. *Ibid.*, 1898, p. 399.

grec. Dans une lettre écrite de Dublin et envoyée à William Kelly en mai 1854, Darby écrit :

> Je possède l'édition de Tischendorf. J'ai été frappé par l'uniformité qui existe entre tous les éditeurs en ce qui concerne l'ensemble du texte, sauf peut-être Matthiæ, qui, comme tu sais, suit les *[manuscrits]* russes, à savoir le *Texte Reçu*, qu'il utilise en tant que système absolu. Quand j'ai traduit une deuxième fois le Nouveau Testament grec, de Romains à Colossiens, j'avais, devant moi, les éditions de Griesbach, de Scholz et de Lachmann, et à côté de moi, celles de Matthiæ et d'autres, de sorte qu'à la suite de ma lecture, si je trouvais qu'il y avait une uniformité de lecture provenant des différentes éditions, je pouvais donc traduire sans hésitation à partir du texte commun des meilleures éditions. Il n'y a pratiquement pas de différence entre elles, et quoique Scholz mentionne le texte de Constantinople, du moins dans les épîtres, pour le reste, lui et les autres s'appuient sur les principaux manuscrits onciaux. Matthiæ quant à lui ne les consulte pas. Je me suis servi de Bloomfield pour les vérifier. C'est un livre utile en ce qui concerne les idiomes grecs, l'*usus loquendi*, et l'étude consciencieuse et diligente du texte[80].

Darby a utilisé la même méthode dans les premières éditions de ses traductions en allemand et en français. Il explique dans la préface de sa première édition du Nouveau Testament en allemand qu'il devait se fier aux travaux des autres :

> Lorsque les érudits s'accordent sur la lecture d'un texte et qu'ils le considèrent exact, après avoir consulté et comparé plusieurs manuscrits et autres documents, nous l'adoptons aussi. Nous nous réjouissons aussi du fait qu'à part quelques passages, tous ces érudits ont la même opinion sur l'exactitude du texte de tous les passages considérés importants[81].

---

80. Darby, *Letters of J. N. D.*, vol. 1, p. 234-235.
81. Kelly, *The Collected Writings of John Nelson Darby*, vol. 13, p. 172.

Il continue dans la même veine dans la préface de sa première édition du Nouveau Testament en français :

> À part un ou deux passages, les différentes éditions du texte grec sont d'accord entre elles presque partout pour ce qui est des variantes qui pourraient avoir quelque importance ; les variantes qu'on rencontre sont en petit nombre, d'un ordre secondaire et souvent à peine saisissables dans une traduction ; et les travaux des savants qui ont comparé les nombreux manuscrits actuellement connus, ont eu pour heureux effet d'écarter les fautes dont les premières éditions du texte grec étaient entachées[82].

Cependant, quelques années plus tard, Darby allait lui-même se consacrer à l'étude des manuscrits. Ceci fera l'objet de la section suivante.

b) Son travail de critique textuelle des manuscrits

Dans une lettre écrite de Londres en février 1871 et envoyée à Pierre Schlumberger, Darby écrit : « Brix [*Brixianus*] est un manuscrit d'une ancienne version latine qui s'accorde toujours avec [le Texte Reçu][83] ». Ce commentaire démontre que Darby était au courant de l'existence de certains manuscrits, même très particuliers. Dans une autre lettre, écrite de Londres en mai 1870 et envoyée à H. M. Hooke, Darby se plaint encore des heures interminables qu'il doit consacrer à l'examen critique des éditions grecques et des manuscrits[84]. En outre, la découverte récente de manuscrits anciens l'oblige à retourner à son travail de critique textuelle afin de préparer sa deuxième édition du Nouveau Testament en anglais et en français[85]. Dans son ouvrage biographique sur la vie et le ministère de F. W. Grant, l'auteur John Reid

---

82. *Ibid.*, p. 191.
83. *Le Messager Évangélique*, 1902, p. 40.
84. Darby, *Letters of J. N. D.*, vol. 2, p. 86-87.
85. Voir *Le Messager Évangélique*, 1892, p. 4-5.

mentionne des détails intéressants à propos du travail de critique textuelle de Darby. Il écrit :

> [...] concernant la traduction des Écritures par Darby lorsqu'il était à Londres, il étendait plusieurs manuscrits sur une longue table pour les étudier attentivement l'un à la suite de l'autre. Parfois, il demandait à l'un des jeunes frères qui l'assistaient toujours de lui apporter un manuscrit en particulier. *[Inglis]* Fleming a mentionné que c'était un très grand privilège de voir la manière dont M. Darby traduisait les Écritures. [...] Non seulement Darby avait-il accès à ces manuscrits, mais il possédait également l'érudition, la persévérance et la spiritualité nécessaires pour bien les évaluer[86].

Dans un article écrit en 1870, Darby donne son opinion au sujet des différents manuscrits qu'il connaissait :

> Puisque la découverte du Codex Sinaïticus a renouvelé l'intérêt de plusieurs pour la recherche dans ce domaine, je te fais part de mes commentaires. Cette découverte de Tischendorf est devenue son protégé, et personne ne conteste le fait que c'est effectivement un document important. Mais il me semble, après examen, que sa valeur est exagérée. L'écriture des manuscrits Vaticanus est plus exacte et, dans tous ses aspects, supérieure au précédent. Il y a une quantité considérable d'erreurs et d'omissions graves dans le Codex Sinaïticus. Je ne sais pas si c'est parce que je me suis plus appliqué dans ma lecture des Évangiles synoptiques, mais cela semble être le cas de l'Évangile de Jean où j'ai noté plusieurs erreurs. Il s'accorde dans plusieurs textes avec D, lorsque ce dernier est pris seul. Il y a une quantité étonnante de variations avec οὖν [oun], δέ [dé], καί [kai], mais cela m'apparaît probablement juste, tout comme la présence et l'absence de ὁ [ho] devant les noms propres. Toutefois, il y a manifestement des textes qui sont inexacts. Il est de la même famille que B, quoique B soit dans une classe à part. En ce qui concerne la beauté du style et l'exactitude

---

86. John Reid, *F. W. Grant: His Life, Ministry and Legacy,* Plainfield, New Jersey, John Reid Book Fund, 1995, p. 33.

du texte, le manuscrit de Dublin est le meilleur : je n'y ai trouvé qu'une seule faute. Il s'accorde avec le Codex Sinaïticus et B, mais il leur est supérieur. Savoir si ces textes sont exacts, c'est une autre question. Mais selon cette famille, il est le premier pour son exactitude. Le Codex Sinaïticus est très souvent d'accord avec le texte latin Vercel. Et si je peux ajouter un autre point : en règle générale, Brixianus s'accorde toujours avec le texte moderne, comme A dans les Évangiles. Je ne prétends pas avoir parlé en tant qu'expert de tous ces sujets ; je voulais simplement partager mes observations avec ceux qui pourraient être intéressés[87].

Darby a été capable, au cours de ses recherches, de consulter plusieurs manuscrits[88] auxquels il avait accès ; mais la façon dont il s'y est pris n'est toutefois pas claire, comme le montre cette lettre écrite de Londres en mars 1871 et envoyée à un certain M. « P. » : « J'ai dû consulter plusieurs nouveaux manuscrits et m'occuper d'autres travaux critiques qui ne nourrissent guère…[89] » En fait, Darby détestait ce travail : « Je ne retire aucune satisfaction du temps consacré à la critique textuelle[90]. » La section suivante expliquera de quelle manière son travail de critique textuelle l'a amené à s'éloigner graduellement du *Texte Reçu*.

c) Darby abandonne le Texte Reçu

Darby s'est éloigné petit à petit du *Texte Reçu* à mesure qu'il progressait dans son travail personnel de critique textuelle. Il a vigoureusement affirmé dans toutes les préfaces de ses traductions qu'un des buts pour lesquels il s'était lancé dans la traduction était d'en produire une exempte des erreurs de ce texte grec,

---

87. Darby, « The Sinai manuscript and Tischendorf's English New Testament », dans *The Collected Writings of John Nelson Darby*, vol. 13, p. 204-205.

88. Le catalogue de la bibliothèque de Darby contient plusieurs Codex (voir Sotheby, et al., *Catalogue of the Library of the Late John Nelson Darby*).

89. *Le Messager Évangélique*, 1894, p. 439.

90. Voir Darby, *Letters of J. N. D.*, vol. 2, p. 131. Cette lettre fut écrite à R. T. Grant en juillet 1871.

qu'il jugeait inférieur. Par ailleurs, dans le cas où les éditeurs des différentes versions du texte grec du Nouveau Testament sous forme imprimée n'étaient pas d'accord sur un passage donné, Darby conservait le *Texte Reçu*. Ce dernier a écrit dans la préface de son Nouveau Testament en allemand : « C'est seulement lorsque les éditeurs étaient en désaccord au sujet d'une variante textuelle que nous avons traduit selon le *Texte Reçu*[91]. » Poursuivant la même idée, il a écrit dans la préface de sa première édition en français du Nouveau Testament :

> Ainsi là où les principales éditions, comme celles de Griesbach, Scholz, Tischendorf, Lachmann, et souvent d'autres moins connues, sont d'accord, nous avons suivi le texte tel qu'elles nous le donnent ; nous n'avions aucun motif pour nous attacher à un texte moins pur. D'un autre côté, ne voulant pas faire de la critique, nous avons purement et simplement conservé le *Texte Reçu*, là où ces principaux éditeurs ne se sont pas accordés. De plus nous avons eu soin d'indiquer chaque fois, en note, les passages dans lesquels nous nous sommes écartés du *Texte Reçu*, en donnant en même temps la traduction de celui-ci[92].

Pourtant, Darby et ses collaborateurs ont dû adopter une approche différente en ce qui concerne le livre de l'Apocalypse en raison de la piètre qualité du texte correspondant dans la version grecque du *Texte Reçu*. Darby explique :

> Il reste à expliquer au lecteur pourquoi, dans l'Apocalypse, nous n'avons plus donné au bas de la page, les leçons du *Texte Reçu*. Comme nous l'avons déjà dit, l'Apocalypse avait été imprimé par Érasme d'après un seul manuscrit bien inexact, auquel manquaient même les deux derniers chapitres que ce savant avait traduits du latin. Maintenant au contraire, on a collationné avec plus ou moins

---

91. Kelly, *The Collected Writings of John Nelson Darby*, vol. 13, p. 172-173.
92. *Ibid.*, p. 191.

de soin 93 manuscrits, dont trois à lettres onciales[93]. Nous n'avons pas pensé qu'il fallût reproduire toutes les fautes d'un seul manuscrit imparfait. Érasme a fait ce qu'il a pu, mais il n'y avait pas besoin de rappeler des erreurs qu'il n'a pu éviter[94].

L'approche choisie par Darby de conserver les variantes textuelles du *Texte Reçu*, chaque fois que les éditeurs des éditions grecques du Nouveau Testament étaient en désaccord, fut ridiculisée dans une thèse écrite en 1868 par Émile Cadiot et intitulée *Essai sur les conditions d'une traduction populaire de la Bible en langue française*. Il écrit :

> Que dirait-on d'un protestant du XVIe siècle qui raisonnerait ainsi : là où Luther, Calvin, Zwingli ne sont pas d'accord, je reviendrai tout simplement à la doctrine romaine ? Comme ils étaient loin de s'entendre sur le sujet de la Cène, voilà notre protestant revenu à la transsubstantiation[95].

Les remarques de Cadiot montrent que, contrairement à Darby, il n'avait pas de respect pour les manuscrits du Nouveau Testament, y compris ceux du *Texte Reçu*. Cependant, au fil des éditions ultérieures, tant en allemand qu'en français et en anglais, Darby s'éloignera graduellement des lectures du *Texte Reçu*. Ce changement de direction s'est produit après la découverte de manuscrits anciens que Darby a comparés avec le *Texte Reçu*. Toutefois, celui-ci prend conscience que ces révisions basées sur les nouveaux manuscrits entraîneront inévitablement des

---

93. L'éditeur a ajouté cette note de bas de page : « Même si cette affirmation est quelque peu incorrecte, nous la garderons telle quelle dans la version française, puisqu'elle est corrigée dans celle en allemand » (*ibid.*). Dans la préface de sa première édition du Nouveau Testament en allemand, Darby parle plutôt d'une centaine de manuscrits à lettres cursives et de cinq copies à lettres onciales (*ibid.*, p. 175).

94. *Ibid.*, p. 191-192. Voir aussi Cross, *The Irish Saint and Scholar*, p. 63.

95. Cadiot, *Essai sur les conditions d'une traduction populaire de la Bible en langue française*, p. 51.

modifications au texte, au point peut-être que le lecteur ne reconnaîtra plus les caractéristiques de sa propre version. Il explique cette nouvelle réalité dans un article écrit en 1871 :

> En 1624, des imprimeurs néerlandais publièrent une version corrigée du texte d'Étienne, l'appelant le *Texte Reçu* par tous. Et pendant longtemps, personne n'a osé le remettre en question, ni y apporter des changements. Un mot ici et là fut pris de l'édition de *[Théodore]* de Bèze, mais de façon générale, le texte est celui d'Étienne. En ce qui concerne le livre de l'Apocalypse, Érasme ne possédait qu'un manuscrit dans lequel était intercalé un commentaire. Le texte d'Étienne avait quant à lui treize manuscrits de qualité inférieure. Érasme engagea un homme pour séparer dans le manuscrit le texte grec de celui du commentaire. Il réalisa la traduction en grec des derniers versets de l'Apocalypse à partir de la Vulgate. Nous possédons aujourd'hui une centaine de manuscrits du livre de l'Apocalypse, dont cinq manuscrits à lettres onciales ; en revanche, les premières traductions de ce livre ont toutes été faites à partir de ce seul manuscrit, celui d'Étienne ; *on dirait que nous sommes en train de changer ce à quoi nous étions tous habitués*[96].

Darby n'a pas apporté ces modifications au texte simplement pour s'éloigner du *Texte Reçu*. Ces changements étaient plutôt le résultat d'un travail personnel de critique textuelle et de comparaison, ce que la section suivante démontrera.

d) Comparaison des textes et étude d'autres sources

À son travail de critique textuelle, Darby a ajouté la comparaison du texte avec d'autres versions de la Bible. Il mentionne

---

96. John Nelson Darby, « *On the Gospel According to John* » [Sur l'Évangile selon Jean], trad. libre, dans *The Collected Writings of John Nelson Darby*, vol. 25, p. 251, italiques pour souligner.

quelques-unes de ces versions dans la préface de sa première édition en allemand du Nouveau Testament :

> D'une part, nous avons traduit à partir des textes originaux, et d'autre part, nous avons consulté plusieurs versions, dont celle de Luther, de *[W. M. L. ?]* de Wette, de Von de[r] Heydt, et de Meyer, qui est une correction de la version Luthérienne. De plus, nous avons comparé aussi avec la version Berleburg qui est dans l'ensemble très littérale, les versions néerlandaise et anglaise qui sont toutes deux très exactes et excellentes, et enfin la Bible polyglotte de Stier, qui renferme, à part les versions allemandes mentionnées plus haut, plusieurs autres versions[97].

Bien que Darby ait recommandé quelques versions de la Bible, il en a aussi critiqué d'autres. L'une d'elles est la version d'Alford[98], au sujet de laquelle, dans une étude publiée en 1871, il écrit :

> On ne peut pas se fier à la version d'Alford. Son utilisation a une portée très limitée et s'adresse uniquement à l'étudiant qui possède le discernement, la connaissance et le jugement en cette matière. Bien qu'il soit animé d'un esprit vif pour soulever toutes sortes de questions, j'ai toujours trouvé que ses réponses manquaient largement de jugement ; autrement dit, de sérieux et de bon sens. Par conséquent, on ne peut lui faire confiance[99].

C'est dans le contexte de la position doctrinale affichée par Alford au sujet de quelques passages, dont celui de 1 Jean 3.4, que Darby a fait ce commentaire.

---

97. Kelly, *The Collected Writings of John Nelson Darby*, vol. 13, p. 169.

98. Le catalogue de la bibliothèque de Darby renferme l'ouvrage suivant : Alford, H., *Greek Testament with English Notes*, 5 vol., 1856-61 (Sotheby, *et al.*, *Catalogue of the Library of the Late John Nelson Darby*, p. 20).

99. John Nelson Darby, « *Notes on the Readings on 1 Corinthians* » [Notes à propos des lectures sur 1 Corinthiens], trad. libre, dans *The Collected Writings of John Nelson Darby*, vol. 26, p. 238.

De plus, Darby s'appliquait également à comparer ses propres versions de la Bible entre elles. Dans une lettre écrite de Toronto en mars 1863 et envoyée à Pierre Schlumberger, Darby, qui envisageait alors l'idée de produire une deuxième édition de son Nouveau Testament en français, lui demande de comparer sa première édition en français du Nouveau Testament avec sa version en anglais[100]. Son travail de critique textuelle s'étendait aussi à la vérification des citations du Nouveau Testament faites par les Pères de l'Église. Dans une lettre écrite de Londres le 5 mars 1859 et envoyée à William Kelly, Darby écrit : « Maintenant que j'ai terminé la traduction de ma version en français, j'espère aller de l'avant avec le reste. La partie scripturaire est presque achevée, mais il me reste à finaliser la partie des Pères de l'Église[101]. » Tout ce travail de critique textuelle a forcément contribué à la production de plusieurs notes critiques que Darby a ajoutées à sa deuxième édition en français du Nouveau Testament, puis, plus tard, à sa deuxième puis troisième édition en anglais du Nouveau Testament.

Enfin, quelle était l'opinion de Darby par rapport au texte original hébreu ? Il était généralement satisfait du travail de critique textuelle du texte massorétique accompli par les érudits hébreux. Dans une lettre envoyée à une certaine Mlle « B. »[102], Darby écrit :

> Quant aux accents, etc., des Massorètes, les hommes instruits ont le texte avec accents, et sans accents, et l'ont, en général, étudié des deux manières ; les soins des grammairiens et philologues juifs ont beaucoup contribué par la providence de Dieu, à la conservation du texte original. [...] Les recherches faites depuis la date de la brochure ont confirmé d'une manière remarquable la pureté

---

100. *Le Messager Évangélique*, 1901, p. 19.
101. Darby, *Letters of J. N. D.*, vol. 3, p. 315.
102. Darby a écrit cette lettre pour répondre aux critiques dont faisait l'objet son opuscule intitulé *The Sufferings of Christ* [Les souffrances de Christ], trad. libre, lequel fut publié en 1858-1859 (selon une note dans *Le Messager Évangélique*, 1918, p. 476).

générale du texte hébraïque, tout en fournissant l'occasion de corriger certains endroits où les copistes avaient laissé glisser quelques erreurs. Les Massorètes étaient si scrupuleux qu'ils n'ont pas voulu corriger, dans le texte écrit, des erreurs qu'ils y ont trouvées ; ils ont mis les corrections en marge ; presque toutes ces corrections ont été imprimées d'après les manuscrits que l'on a consultés[103].

Nous examinerons dans la section suivante de quelle manière les points de vue doctrinaux de Darby ont pu avoir une incidence sur son travail de traduction.

4.4.3 Les points de vue doctrinaux

Le travail de traduction de Darby a-t-il été influencé par ses points de vue doctrinaux personnels ? Certains le pensent. D'une part, R. A. Huebner a écrit : « Comme Dieu a donné la *KJV [King James Version]* dans le contexte de la Réforme, de la même manière, je crois qu'une autre bénédiction est venue sur nous à travers le travail de critique textuelle de J. N. Darby, *lequel a permis de retrouver beaucoup de vérités*[104] ». Huebner identifie quelques-unes de ces vérités :

> L'Écriture a la puissance de transformer les cœurs, c'est pourquoi nous devons nourrir notre âme avec la Parole de Dieu dans une version qui soit la plus exacte possible. Je crois que la version de J. N. Darby répond à cette exigence, grâce à sa propre évaluation du texte grec. Plusieurs vérités du christianisme biblique ont été rétablies dans l'Église, en particulier celles qui concernent la position du croyant en Christ, la signification de l'expression « la vie est dans le Fils », la notion « d'un seul corps », le service, la véritable espérance de l'Église, le dispensationalisme, etc. L'affirmation selon

---

103. *Ibid.*, p. 476-477.
104. R. A. Huebner, *The New International Version & the Translation by J. N. Darby: Several Doctrines Considered in Two Translations* [La Nouvelle version internationale et la traduction de J. N. Darby : un regard sur plusieurs doctrines à travers ces deux traductions], trad. libre, Morganville, N. J., Present Truth Publishers, 1994, p. 1, italiques pour souligner.

laquelle les points de vue bibliques d'un traducteur influencent le résultat de sa traduction est incontestablement vraie. Mais si dans ce processus, les doctrines qui sont rétablies reflètent la vérité, nous avons alors entre les mains une traduction qui a été façonnée par ces vérités. Quel privilège et quelle bénédiction pour le croyant d'avoir un tel trésor en sa possession[105].

Huebner est donc d'avis que la traduction de Darby a permis de rétablir plusieurs doctrines ou vérités importantes de la foi chrétienne. D'autre part, il y en a qui pensent que la version Darby de la Bible a été imprégnée de fausses doctrines, dont en particulier celles venant du parti unitarien[106], lesquelles rejettent, notamment, la divinité de Christ. Un article anonyme a été publié en 1872 dans une revue éditée par Charles H. Spurgeon. L'auteur a écrit dans cet article que la traduction de Darby était « une traduction erronée et pitoyable du Livre sacré[107] ». Son observation porte sur trois points de critique : des modifications inutiles ont été apportées à la *Version autorisée* ; certaines règles de grammaire ont été contournées, dont celles touchant la traduction de quelques temps de verbe ; et une approche interprétative de passages clés au lieu d'une simple traduction, le résultat étant une traduction erronée. Les deux premiers points ont trait au style et à la grammaire. Le troisième concerne l'influence des points de vue doctrinaux. À ce sujet, l'auteur a développé en premier lieu la doctrine de la justification par la foi. Il écrit :

---

105. *Ibid.*, p. 1-2.
106. Thomas Ryan a écrit : « Le texte allemand de Monsieur "D." est sujet aux mêmes critiques, et je suppose que c'est en raison de ses tendances unitariennes que le secrétaire des Affaires étrangères de la Société biblique a désapprouvé cette édition » (Thomas Ryan, *Mr. J. N. D. : A Sketch of Some of His Recent Doctrines and New Testament Emendations, and of His Confession* [Monsieur J. N. D. : une esquisse de quelques-unes de ses nouvelles doctrines et de ses corrections du Nouveau Testament, et de ses croyances], trad. libre, Dublin, Irlande, Rowse and Co., édition électronique, Archives sur le mouvement des Frères à l'Université de Manchester, p. 12).
107. Spurgeon, éd., *Darbyism and Its New Bible*, p. 514.

> Il est dit au lecteur que l'expression « par la foi » doit être remplacée par « sur le principe de la foi ». Par exemple, dans l'Évangile, nous avons « la droiture de Dieu est révélée de foi en foi » (*Version autorisée*), alors que dans la *Nouvelle Traduction* [celle de Darby], nous lisons « *[la]* justice de Dieu y est révélée sur le principe de la foi pour la foi », etc. C'est tout à fait juste de dire, en ce qui concerne la doctrine, que Dieu justifie sur le principe de la foi, et que le pécheur est justifié sur ce principe ; mais là n'est pas le sens du terme « par la foi », ou « de foi » (*ek pisteos*). Cette expression se réfère donc à Dieu, c'est-à-dire que Dieu traite avec l'homme sur la base d'un principe ; mais celle de « par la foi » se réfère à l'homme, et signifie « de foi », et se réfère à l'origine ou la source subjective par laquelle l'homme est justifié, et ne considère pas seulement le fait que l'homme est justifié par un principe[108].

L'argumentation de l'auteur ne vise pas tant la validité de la doctrine elle-même que son intégration dans la traduction. Par conséquent, l'auteur a raison d'affirmer que le processus en question ici relève plus de l'interprétation que de la traduction. Cependant, le raisonnement de l'auteur est lui-même biaisé, car il s'appuie sur ses points de vue doctrinaux – lesquels s'expriment dans les nuances qu'il donne à certaines expressions dans le grec – plutôt que sur une analyse du texte qui tient compte des règles de grammaire. Il est donc pratiquement impossible pour un traducteur de mettre de côté ses points de vue doctrinaux lorsqu'il traduit.

Les accusations d'unitarisme dont Darby a fait l'objet portaient en particulier sur sa traduction du verbe grec προσκυνέω (*proskunéô*). Le débat s'est concentré sur la signification en anglais du terme « adoration ». La citation suivante comprend plusieurs extraits d'un second article, écrit par l'auteur de celui, anonyme, mentionné plus haut. Cette longue citation est nécessaire afin de bien comprendre son raisonnement :

---

108. *Ibid.*, p. 517.

Dans sa préface [*2ᵉ édition anglaise de 1871*], M. Darby dit : « Je n'ai aucun doute quant à la justesse du changement apporté, car selon l'usage de ce mot dans la langue anglaise *moderne*[109], l'adoration est le culte rendu à Dieu seul. Ce n'était toutefois pas le cas lorsque la traduction en anglais a été faite ; son utilisation fausse donc le sens dans les trois quarts des passages où il apparaît. Pour la vaste majorité des gens qui venaient vers le Seigneur, il est presque certain qu'aucun d'eux ne le reconnaissait comme étant Dieu. Et en ce qui concerne les passages qui n'ont aucun lien avec Dieu, l'utilisation de ce mot en donnerait aujourd'hui un sens erroné » – Préface. Voilà le discours clair et sans équivoque de M. Darby, qui pourrait être celui du plus éminent ministre unitarien de Londres. Ainsi, il dit que dans « la langue anglaise moderne, l'adoration est le culte rendu à Dieu seul ». Il poursuit en disant que « pour la vaste majorité des gens qui venaient vers le Seigneur, il est presque certain qu'aucun d'eux ne le reconnaissait comme étant Dieu », et « en ce qui concerne les passages qui n'ont aucun lien avec Dieu », il conclut en disant que « son utilisation en donnerait aujourd'hui un sens erroné ». Par conséquent, puisque Dieu seul est digne d'être adoré, et que Christ n'est pas considéré comme étant Dieu par la grande majorité des gens, Christ n'a donc pas été adoré ; on lui a seulement rendu hommage. Ainsi donc, M. Darby a raison lorsqu'il utilise dans sa Bible l'expression « rendre hommage » plutôt que « adorer », car « l'utilisation de ce mot en donnerait aujourd'hui un sens erroné » […] La raison étant que « l'adoration est le culte rendu à Dieu seul » […] En vérité, si Gilbert Wakefield, Priestly ou Belsham étaient encore vivants, ces trois illustres ministres unitariens ne pourraient s'empêcher de dire : « Serrons-nous la main, mon frère ! »[110]

Cet auteur commente ensuite une quinzaine de cas où, dans la version *Darby* en anglais[111], le terme « adoration » a été

---

109. Les italiques dans l'original sont ceux de Darby dans sa préface.
110. Spurgeon, éd., *Darbyism and Its New Bible*, p. 561.
111. Fait intéressant à noter, l'auteur fait remarquer que Darby n'a pas traduit Hébreux 1.6 de la même manière dans sa version en anglais (« *let all God's angels worship*

remplacé par « rendre hommage ». La raison principale pour laquelle Darby a été étiqueté comme étant un partisan du parti unitarien est qu'il a apparemment refusé, dans sa traduction, que Christ reçoive l'adoration. Cependant, tout cela n'est que pure conjecture. En effet, Darby a expliqué dans sa préface que ce qui avait motivé sa décision – quoique discutable – de traduire προσκυνέω (*proskunéô*) par « rendre hommage » au lieu de « adorer » n'avait rien à voir avec la déité de Christ, mais que c'était plutôt à cause de l'attitude des gens qui se manifestait dans l'acte de se « prosterner ». L'explication qu'il fournit dans la préface de sa deuxième édition en français du Nouveau Testament est encore plus limpide :

> Nous avons rendu le grec προσκυνέω [*proskunéô*] par « rendre hommage », cette expression s'appliquant, en grec, à toute espèce d'actes de respect, depuis le simple acte de révérence envers un supérieur jusqu'à l'adoration de Dieu lui-même : le lecteur décidera facilement de quel hommage il s'agit, d'après la personne à qui il est rendu, et celle qui le rend[112].

À la lumière de ces explications, il est clair que Darby n'avait nullement l'intention, dans sa traduction, de priver Christ de l'adoration qui lui est due. Il n'était pas un unitarien. Au contraire, dans nombre de ses écrits, Darby montre qu'il croyait à la divinité de Christ[113]. Il est utile ici de souligner le témoignage de W. J. Lowe, l'un de ses plus précieux collaborateurs dans le

---

him ») que dans celle en français (« Et que tous les anges de Dieu lui rendent hommage »). L'auteur suggère donc, qu'en n'appliquant pas les mêmes principes à ses deux versions, Darby a faussé sa traduction en anglais.

112. Darby, *Les livres saints connus sous le nom de Nouveau Testament* (version nouvelle, 2ᵉ éd., 1872, réimpr., 1980), p. x.

113. Voir son article intitulé « The Deity of Christ and What Constitutes Christianity » [La divinité de Christ et ce qui constitue le christianisme], trad. libre, dans *The Collected Writings of John Nelson Darby*, vol. 33, p. 75-82. Cet article répondait aux questions d'un étudiant unitarien qui faisait des études supérieures de théologie.

travail de traduction. Critiquant la version française du professeur genevois Hugues Oltramare publiée en 1873, Lowe écrit :

> En outre, cette traduction contient certains passages où le concept de déité du Seigneur Jésus a été supprimé. C'est une chose très sérieuse venant de la part de soi-disant pasteurs des brebis du Seigneur que de nier publiquement sa divinité. L'ennemi des âmes s'en frottera doublement les mains chaque fois qu'ils tordront l'Écriture pour étayer leurs blasphèmes. C'est pourquoi nous devons nous dresser énergiquement contre cette manière d'aborder la Parole de Dieu. Nous sommes estomaqués de constater dans Jean 1.1 que le mot « Dieu » – qui se réfère au Seigneur Jésus-Christ – est écrit avec un « d » minuscule : « [...] la Parole était avec Dieu, et la Parole était dieu ». On se demande bien pourquoi ?[114]

Puis, dans une note, Lowe ajoute :

> La règle d'utilisation des lettres minuscules au lieu des majuscules est expliquée dans la préface de la version *Vevey*. Nous avons suivi l'usage du grec qui met des majuscules aux noms propres seulement. Ainsi, Jean 1.1 est traduit de la façon suivante dans la version *Vevey* : « Au commencement était la Parole, et la Parole était avec Dieu, et la Parole était Dieu. » Cette traduction fait clairement ressortir la déité de la Parole[115].

Les traductions de Darby montrent que sa doctrine sur la divinité de Christ était visiblement conservatrice et orthodoxe. Ajoutons à cela que l'éducation du traducteur, sa personnalité, son caractère, sa compétence et sa doctrine sont autant d'éléments qui ressortiront d'une façon ou d'une autre dans sa traduction. Fort heureusement, la théologie de Darby était juste et biblique, du moins en ce qui concerne les doctrines fondamentales du christianisme biblique. Et pour tous les autres points

---

114. Lowe, *Remarques sur les versions nouvelles du Nouveau Testament*, p. 17.
115. *Ibid.*, p. 18.

de vue particuliers qui auraient pu avoir une incidence sur son travail de traduction, le lecteur trouvera des éléments de réponse dans les différentes préfaces de ses traductions, au sein desquelles il explique quelques-unes des décisions qui ont directement influencé ses traductions.

Nous examinerons, dans la dernière section, la dynamique et les méthodes entourant le travail de traduction de Darby.

4.5 La dynamique et les méthodes de traduction de Darby

Elles incluent aussi le travail d'équipe, les livres consultés, la gestion du temps et l'évaluation finale du travail.

4.5.1 Le travail d'équipe dans la révision et la correction des épreuves

Une bonne partie des méthodes de travail de Darby dans la traduction sont révélées dans plusieurs des lettres qu'il a écrites à ses collaborateurs. Darby a échangé avec eux « quelques feuilles du Nouveau Testament[116] ». Ces feuilles contenaient des notes, des remarques et des commentaires pertinents sur la traduction. Il utilisait également, à l'occasion, le terme « épreuves » dans sa correspondance. Dans une lettre écrite à Lausanne en avril (?) 1859 et envoyée à Pierre Schlumberger, il fait état de ces « épreuves », dans lesquelles il discute de la difficulté qu'il a de rendre en français certaines phrases de l'épître aux Galates[117]. Au fil du temps, Darby a accumulé une quantité impressionnante de notes de

---

116. Dans sa correspondance en français, Darby se réfère à ces feuilles à au moins neuf reprises, dans les *Messagers Évangéliques* suivants : 1899, p. 120, 157, 420, 456 ; 1900, p. 18, 39 ; 1901, p. 438 ; 1902, p. 439 ; et 1911, p. 318. Dans sa correspondance en anglais, il n'y fait allusion que trois fois (voir Darby, *Letters of J. N. D.*, vol. 1, p. 131, 363 ; vol. 3, p. 83). Dans d'autres lettres, il est difficile de déterminer s'il se référait à ses traductions de la Bible ou à ses *Études* sur les différents livres de la Bible.

117. *Le Messager Évangélique*, 1900, p. 96-97.

critiques textuelles qui ont été utilisées par la suite dans d'autres éditions de ses nombreuses versions.

Le travail de traduction exigeait toujours une deuxième lecture du texte traduit[118]. Lorsque c'était nécessaire, il arrivait que Darby ferme les yeux et demande à un collaborateur de lui lire le texte. Dans une lettre écrite d'Elberfeld et envoyée à G. V. Wigram le 25 janvier 1855, Darby écrit : « Pendant qu'on relisait et corrigeait le texte, j'ai fermé les yeux et simplement écouté. Le projet avance de plus en plus vite, et plus de la moitié est achevée[119]. » Il lui arrivait aussi de relire sa traduction et de réimprimer le texte traduit autant de fois que cela était nécessaire, tant qu'il n'était pas satisfait. Les deux lettres ci-dessous sont un exemple de ce processus de correction : « J'ai été mécontent du résultat final de la première partie de notre traduction allemande du Nouveau Testament, et je fais réimprimer ce qui ne me satisfait pas. J'ai relu et préparé le tout, à part quelques feuilles où il n'y a pas, je le pense, beaucoup de fautes, et je crois que nous aurons ainsi une bonne traduction[120]. » Puis, dans une autre lettre écrite d'Elberfeld le 4 août 1855 et envoyée à Pierre Schlumberger, Darby écrit : « Notre traduction allemande est imprimée, mais je suis mécontent des trois premiers évangiles et de l'épître aux Romains, et je réimprime ces quatre livres. Dans les Romains, on a retenu […] des passages de Luther que je ne puis supporter[121]. »

Comme on peut le constater, le travail de correction n'était pas ce que Darby préférait. Cependant, c'est pour les frères qu'il a persévéré. Dans une lettre écrite de Bath en 1856 et envoyée à Pierre Schlumberger, il écrit : « Je n'aime pas évoquer tout mon travail, mais ce dernier est un rappel constant de tout le travail

---

118. *Ibid.*, 1891, p. 135 ; 1897, p. 40.
119. Darby, *Letters of J. N. D.*, vol. 1, p. 240.
120. *Le Messager Évangélique*, 1899, p. 120. Cette lettre a été écrite d'Elberfeld et envoyée à Pierre Schlumberger en avril 1855.
121. *Ibid.*, p. 157.

d'amour déployé pour le bien-être spirituel des frères[122]. » Sa persévérance est une fois de plus démontrée dans une lettre qu'il a écrite d'Angleterre en avril ou mai 1870 et envoyée à Pierre Schlumberger, dans laquelle il lui dit que les frères ont égaré les feuilles de correction de l'Évangile de Matthieu qu'il leur avait envoyées et que, par conséquent, il devra les réécrire[123]. La section suivante introduira quelques ouvrages utilisés par Darby pour son travail de traduction et de correction.

4.5.2 Les livres consultés

Darby s'est servi de tous les ouvrages disponibles afin d'accomplir son travail de traduction. Dans une lettre écrite d'Elberfeld en octobre 1857 et envoyée à Pierre Schlumberger, il dit : « Je profite cependant de tous les "Hülfsmittel[124]", ne me fiant pas à moi-même pour l'hébreu[125]. » Darby était toujours à l'affût de nouveaux livres sur le marché. Et s'il en trouvait un qui s'avérait utile pour son travail de traduction, il l'achetait. Par exemple, il dit à Pierre Schlumberger dans une lettre écrite de Londres en 1858 :

> On a publié des livres critiques qui renferment le résultat des progrès faits soit dans la grammaire grecque, soit dans la critique en général. Je les ai achetés et j'en profite assidûment. Ceux qui ont été publiés en anglais sont d'une assez grande utilité. J'en ai acheté aussi de bons en allemand[126].

Le lecteur trouvera dans l'ouvrage *Bible Notes From the 1871 Edition of the New Testament* une liste des livres que Darby a consultés pendant son travail de traduction[127].

---

122. *Ibid.*, p. 220.
123. *Ibid.*, 1901, p. 437.
124. Mot allemand qui signifie « aide ».
125. *Le Messager Évangélique*, 1899, p. 358.
126. *Ibid.*, 1900, p. 19.
127. *Bible notes from the 1871 edition of the New Testament*, p. 371-383.

4.5.3 La gestion de l'emploi du temps

Darby et ses collaborateurs étaient très appliqués dans leur travail. Ils ont consacré de nombreuses heures à la traduction et à la correction. Dans une lettre écrite d'Elberfeld en décembre 1869 et envoyée à Pierre Schlumberger, Darby décrit un emploi du temps très chargé qui débutait très tôt le matin et se terminait tard en soirée, souvent autour de minuit[128]. Un an plus tard, le 10 janvier 1870, il écrira :

> Je travaille seul de 7 h à 9 h le matin et je déjeune aussi seul. Puis je me joins aux autres de 9 h à 12 h 30 et de 15 h à 19 h 30 pour la traduction. Ensuite, je reprends quelques passages difficiles sur lesquels je travaille seul. Je suis souvent occupé jusqu'à minuit à écrire des lettres et régler diverses choses. Je ne perds pas mon temps[129] !

Et alors qu'il était âgé de 80 ans, Darby a écrit une lettre de Ventnor en décembre 1880, dans laquelle il dit à un certain M. « C. » : « On imprime la traduction française de l'Ancien Testament. Je ne sais combien de temps cela durera. Il faut être exact en corrigeant les épreuves, mais on a tellement examiné et revu le texte que cela ne tardera plus très longtemps[130]. » Il est difficile pour nous de s'imaginer le nombre considérable d'heures que Darby a consacrées à la traduction et à la révision de la Bible pendant ces trente-sept années de travail acharné.

4.5.4 L'évaluation finale du travail

Darby était rarement satisfait de son travail de traduction, exprimant même son mécontentement à plusieurs reprises. En revanche, il lui est arrivé en quelques occasions d'avoir le

---

128. Voir *Le Messager Évangélique*, 1923, p. 136.

129. Darby, *Letters of J. N. D.*, vol. 2, p. 63. Voir aussi Weremchuk, *John Nelson Darby*, p. 170.

130. *Le Messager Évangélique*, 1906, p. 477.

sentiment du travail accompli, au-delà même de ses espérances. Dans un article rédigé en 1858 ou 1859, Darby a écrit à ce sujet : « L'évaluation serrée et détaillée que j'ai faite d'Actes 20.28 me convainc que ma traduction de ce passage est la seule qui soit juste. Je rejette ainsi toutes les autres[131]. » Les traducteurs de la première édition du Nouveau Testament en français ont conclu la préface en disant qu'ils avaient bon espoir d'avoir correctement accompli leur travail :

> Nous avons senti, nous l'espérons, combien notre responsabilité a été grande en entreprenant de traduire la Parole de Dieu, bien que nous nous soyons mis à l'œuvre avec le désir de la reproduire plus fidèlement qu'elle ne l'a été jusqu'ici dans la langue française ; mais nous avons eu assez de confiance dans la grâce, pour oser travailler à ce qui pourrait être utile aux âmes et tendre à glorifier Celui qui seul peut bénir[132].

Enfin, nous citerons deux lettres dans lesquelles Darby partage ses impressions au sujet de son travail de traduction. Dans la première, écrite d'Angleterre en avril ou mai 1870 et envoyée à Pierre Schlumberger, il considère tout le travail accompli sur la version allemande de l'Ancien Testament : « Mon travail à Elberfeld est terminé. J'espère que, par la bonté de Dieu, il sera utile. Certes je n'avais aucune confiance en ma capacité pour l'entreprendre, et nous avons prié Dieu de nous aider beaucoup […] Maintenant je puis à peine croire que je sois arrivé à bout de ce travail[133]. » Dans la seconde, écrite de Londres et envoyée en mai 1870 à H. M. Hooke, Darby écrit :

---

131. John Nelson Darby, « *The Sufferings of Christ* » [Les souffrances de Christ], trad. libre, dans *The Collected Writings of John Nelson Darby*, vol. 7, p. 142.

132. Kelly, *The Collected Writings of John Nelson Darby*, vol. 13, p. 203.

133. *Le Messager Évangélique*, 1901, p. 438.

En ce qui concerne mon travail de traduction, je me considère comme « un coupeur de bois et un puiseur d'eau » ; en effet, il n'aurait pu y avoir un sacrifice sur l'autel si le bois n'avait été coupé. C'est la même chose pour la Parole de Dieu, je suis content de servir les saints : de nos jours, c'est tellement important d'avoir la Parole entre nos mains[134].

Il est clair que Darby avait beaucoup plus d'estime pour la Bible elle-même que pour son propre travail de traduction.

4.6 Conclusion

Darby considérait clairement que la Bible était la Parole inspirée de Dieu. Il croyait également que rien – que ce soient les variantes textuelles ou les traductions plus ou moins exactes – ne pouvait altérer cette vérité. Et pourtant, il a fait de la traduction littérale de la Bible son cheval de bataille, pour rendre avec plus d'exactitude les mots inspirés de la Bible. Et cette traduction devait être fidèle, non seulement aux mots, mais aussi aux règles de grammaire et de syntaxe, et au style particulier de chaque écrivain biblique. Par conséquent, la méthode de traduction de Darby peut être décrite comme une approche très littérale. Voici une liste des principes généraux qui ont guidé Darby dans son travail de traduction :

- Il a utilisé un texte grec éclectique[135].
- Il a abandonné le *Texte Reçu.*
- Il a inclus les citations des Pères de l'Église dans son travail de critique textuelle.

---

134. Darby, *Letters of J. N. D.*, vol. 2, p. 86-87.
135. « Cette démarche aborde la critique textuelle dans le but de reconstituer le texte biblique le plus près possible de l'original. Elle s'accomplit non pas en s'attardant sur n'importe quel manuscrit ou sur un texte modèle, mais en évaluant toutes les variantes disponibles et en choisissant entre elles » (Matthew S. DeMoss, Pocket Dictionary for the Study of New Testament Greek [Dictionnaire de poche pour l'étude du Nouveau Testament grec], trad. libre, Downers Grove, Ill., InterVarsity Press, 2001, p. 50).

- Il a comparé ses versions avec d'autres.
- Il a utilisé tous les ouvrages nécessaires, comme les grammaires grecques et les commentaires.
- Il a traduit le texte aussi littéralement que possible, en tenant compte de la grammaire, de la syntaxe et du style.
- Il a été constant dans le choix des mots, évitant de traduire un même mot grec par plusieurs mots dans la langue de la version produite. Cependant, le contexte demeure toujours le facteur décisif, et le texte traduit ne doit jamais engendrer de contradiction avec la Bible elle-même.
- Il a expliqué des problèmes d'ordre textuel, donné les raisons qui ont conduit à certaines décisions dans le processus de traduction, et ajouté la signification de mots dans des notes de bas de page.

C'est à partir de la deuxième édition du Nouveau Testament dans sa version allemande, française et anglaise, que Darby a entrepris ses propres recherches et études des textes originaux de la Bible. L'apparition de nouveaux ouvrages a eu pour effet d'augmenter la charge de son travail de critique textuelle, et la découverte de nouveaux manuscrits l'a replongé dans un travail de révision et de correction – lorsque c'était nécessaire – de ses différentes traductions. Ceci ne surprendra donc personne que, de son vivant, Darby ait produit deux éditions de sa version du Nouveau Testament en allemand, quatre en français et deux en anglais, sans oublier que, jusqu'à la fin de sa vie, il a travaillé sur une troisième édition. Le processus de révision était donc pour Darby un principe très important qui guidait son travail de traduction.

CHAPITRE 5

LE TEXTE GREC UTILISÉ PAR DARBY

5.1 Introduction

Ce dernier chapitre sera consacré au texte grec qui a servi de base aux traductions de Darby. Certains auteurs et biographes ont tenu des propos audacieux, concernant ce texte, qui exigent en retour d'être corroborés par toutes les sources documentées disponibles. Par exemple, Philip Comfort a écrit que la *Nouvelle Traduction* (la deuxième édition de 1871 en anglais) « s'appuyait largement sur le Codex Vaticanus et le Codex Sinaïticus » et reflétait le désir d'offrir une nouvelle traduction en anglais qui « serait basée sur un meilleur texte, capable de traduire avec plus de précision les langues originales »[1]. Comfort rapporte également quelques-uns des textes grecs disponibles à cette époque :

---

1. Comfort, *The Complete Guide to Bible Versions*, chapitre 5.

Tregelles[2], Tischendorf[3], ainsi que Westcott et Hort. Darby s'est servi des deux premiers[4], mais pas celui de Westcott et Hort, qui parut plus tard en 1881, soit seulement quelques mois avant sa mort en 1882.

Turner a écrit que la version Darby du Nouveau Testament en allemand « s'est basée principalement sur les textes critiques disponibles de l'époque, quoique le *Texte Reçu* fût utilisé pour trancher les cas difficiles »[5]. Cette dernière affirmation fut confirmée par Darby lui-même dans chacune des préfaces de ses différentes traductions. Remmers a souligné, qu'en raison de la découverte de nouveaux manuscrits, Darby avait profité des progrès réalisés dans le domaine de la critique textuelle[6]. Cela est également vrai. Du début de son travail de traduction jusqu'à la publication de la première édition de ses versions en allemand, en français et en anglais, Darby a toujours insisté pour que son travail de critique textuelle s'appuie sur les meilleurs manuscrits disponibles. Et comme les découvertes majeures dans ce domaine sont arrivées après la publication des différentes versions de la première édition, la deuxième édition – et par conséquent ses différentes versions – en a tenu compte dans la mesure où elles modifiaient

---

2. Le catalogue de la bibliothèque de Darby renferme l'ouvrage suivant : Tregelles, S. P., *The Greek New Testament*, 2 vol. ; vol. 1 avec Prolégomènes (Sotheby, *et al.*, *Catalogue of the Library of the Late John Nelson Darby*, p. 24). Le nom de Tregelles est associé aux premières heures du mouvement des Frères (J. D. Douglas, E. E. Cairns, et J. E. Ruark, *The New International Dictionary of the Christian Church* [Le nouveau dictionnaire international de l'Église chrétienne], trad. libre, Grand Rapids, Mich., Zondervan Publishing House, 1978, p. 984).

3. La bibliothèque de Darby contenait quelques éditions de manuscrits grecs publiés par Tischendorf (voir Sotheby, *et al.*, *Catalogue of the Library of the Late John Nelson Darby*, p. 10-11, 14, 24).

4. Les noms de Tregelles et Tischendorf sont mentionnés dans la préface des versions *Darby* en français et en anglais de sa deuxième édition du Nouveau Testament. Toutefois, contrairement à l'édition de Tischendorf, il semble qu'il ait très peu utilisé celle de Tregelles.

5. Turner, *Unknown and Well Known*, p. 152-153.

6. Arend Remmers, *L'Histoire merveilleuse de la transmission de la Bible*, Valence, France, Bible et Publications Chrétiennes, 2002, p. 36.

le texte. Dans la préface des éditions qui ont suivi, Darby a donné la liste complète de tous les manuscrits qu'il a consultés[7]. Enfin, un auteur anonyme a écrit : « Bien que Darby se soit "aidé" des éditions de Tischendorf, Scriverner [sic] et Tregelles, il a rassemblé des *[manuscrits]* pour lui-même afin de produire *sa propre édition du texte grec*[8] ». Quoique l'expression « afin de produire sa propre édition du texte grec » ressemble au premier abord à une forme d'accusation (ce qui était probablement le cas), elle se révèle pourtant vraie. En effet, dans la préface de la traduction de Voorhoeve, édition de 1877, les auteurs soulignent que la traduction n'a pas été faite par Darby lui-même, mais plutôt avec l'aide de son Nouveau Testament grec. Nous reproduisons ici un extrait de cette préface, qui a été traduit en français :

> Le texte grec qui est à la base de cette traduction a été édité par J. N. Darby[9]. La traduction de la version *Darby* de la Bible en allemand, et la traduction du Nouveau Testament en français et en anglais ont toutes été qualifiées d'exceptionnelles suite à l'évaluation faite par des pairs compétents. Son œuvre revêt une telle autorité que plusieurs universités l'utilisent dans leurs recherches sur les textes bibliques. En plus de consulter les nombreuses éditions des érudits cités plus haut, Darby a aussi comparé tous les manuscrits publiés sous forme imprimée et les citations des Pères de l'Église. Dans certains cas, il a même étudié la version syriaque et l'ancienne version latine[10].

---

7. Les éditeurs de *Bible notes from the 1871 edition of the New Testament* ont écrit : « La première version *Darby* du Nouveau Testament à renfermer une liste fut celle de la deuxième édition de 1872 en français » (p. 363). Selon eux, cette liste était « beaucoup moins détaillée » que celle présente dans sa troisième édition, de 1884, du Nouveau Testament en anglais.

8. Spurgeon, éd., *Darbyism and Its New Bible*, p. 513, italiques pour souligner.

9. Nous avons déjà vu (2.4.4.1) que Darby avait revu et corrigé deux éditions du Nouveau Testament grec : Johann J. Griesbach, *Novum Testamentum Graece* (*Editio Nova*), Londres, Royaume-Uni, Impensis F. C. et J. Rivington, 1818, et *Biblia Polyglotta*, von Etier und Theile, 3 vol., Bielefeld, 1854-1857.

10. Voorhoeve, *De Boeken, genaamd Het Nieuwe Testament*, p. viii.

Ainsi, Darby a réellement « édité » sa propre version du texte grec. En général, ce travail ne s'est pas accompli arbitrairement, même s'il a peut-être choisi une variante de lecture par rapport à une autre, seulement sur la base de ses préférences personnelles[11]. Bien au contraire, c'est d'un point de vue critique que Darby a rassemblé le texte grec en comparant plusieurs sources et ouvrages importants dans le domaine de la critique textuelle, écrits par des érudits renommés tels Griesbach, Lachmann, Scholz, et Tischendorf. Et si on ajoute à cette liste les noms d'Alford et de Tregelles, ainsi que ceux de Wescott et Hort, nous avons là les principaux érudits de la critique textuelle ayant vécu dans la période qui a suivi la Réforme. Darby s'est largement inspiré de leurs travaux. Lorsque nous considérons l'approche de ce dernier concernant les langues des textes bibliques, une question nous vient à l'esprit : possédait-il toutes les compétences requises pour effectuer le travail de traduction ? Autrement dit, quelle a été son éducation ? Répondre à cette question n'a vraiment pas été facile. Toutefois, quelques renseignements glanés ici et là ont permis d'en brosser un tableau sommaire. Par conséquent, la prochaine section examinera les points suivants : la connaissance de Darby des langues originales de la Bible, son opinion par rapport au *Texte Reçu*, et enfin sa manière d'aborder les manuscrits et autres sources documentées du texte grec du Nouveau Testament.

5.2 Sa connaissance des langues originales de la Bible

Il n'est pas évident de répondre à la question : « Où, quand et comment Darby a-t-il appris les langues originales de la Bible ? », car il a très peu parlé de son éducation personnelle. Dans une de ses très rares allusions à ce sujet, il a écrit :

---

11. Je dis « en général » car, à mon avis, pour des raisons inconnues, Darby a choisi dans certains cas une variante qu'il préférait.

Je suis étonné que personne n'ait écrit au sujet de l'utilisation de l'article grec, laquelle est si simple, mais en même temps (elle n'est en fait qu'une application intelligente d'un principe universellement reconnu de la grammaire grecque) tellement importante, que cette doctrine a, pendant près de trente ans, satisfait ma soif de savoir. Jusqu'à maintenant, mes habitudes de travail, le fait que je ne pourrais prétendre à faire partie du groupe des érudits de la critique, et les besoins incessants du service chrétien m'ont empêché d'en discuter publiquement. Mais puisque cela contribue à l'étude de l'Écriture, j'ai décidé d'en parler[12].

Darby a écrit cet article en 1849[13]. Nous pouvons déduire de son affirmation « pendant près de trente ans » qu'il avait déjà, à 19 ans, une connaissance du grec. Il était alors étudiant au Trinity College à Dublin. Turner, l'un des biographes de Darby, donne un élément de réponse expliquant le peu d'informations disponibles au sujet de son apprentissage des langues originales de la Bible :

> Malgré sa grande érudition, Darby se démarquait par son humilité ; il a toujours maintenu une séparation entre ses études approfondies et son service chrétien. Un vieux sage dans la foi a dit un jour : « Tout comme Christ est mort sous un écriteau écrit en hébreu, en grec et en latin, ainsi était la prédication de cette époque : érudite et pédante. » Cependant, ce n'était pas le cas de Monsieur Darby ; car qui pouvait affirmer l'avoir déjà entendu faire une allusion à l'hébreu ou au grec dans l'une de ses allocutions ? Tellement que l'auditoire ne pouvait s'empêcher de s'exclamer en demandant : « Quoi ! Est-ce bien là l'illustre Darby ? »[14].

Son humilité l'avait donc gardé de faire état de son éducation. Deux autres biographes rapportent des propos intéressants à ce

---

12. John Nelson Darby, « *On the Greek article* » [Sur l'article grec], trad. libre, dans *The Collected Writings of John Nelson Darby*, vol. 13, p. 30.

13. *Dates of J. N. Darby's Collected Writings*, p. 29.

14. Turner, *Unknown and Well Known*, p. 61.

sujet. Premièrement, Max Weremchuk, dans la section décrivant l'éducation de Darby, a écrit qu'il est entré à l'école secondaire publique de Westminster à l'âge de 12 ans. Selon Weremchuk, « les cours étaient donnés par des religieux, et la quasi-totalité du thème général de l'enseignement s'articulait autour du latin et du grec, avec des compositions en anglais en complément[15] ». Ces renseignements nous permettent d'affirmer que, dès sa jeunesse, Darby possédait une excellente connaissance du grec. Environ trois ans plus tard, le 3 juillet 1815, il entra au Trinity College, à Dublin, une université qui était « spécialisée dans les études classiques[16] ». À ce sujet, Field ajoute :

> À Trinity, Darby montre déjà des signes de sa grande intelligence et de ses aptitudes exceptionnelles. Il a seulement dix-neuf ans lorsqu'il reçoit son diplôme de bachelier en arts, le 10 juillet 1819, en même temps que la médaille d'or en étude classique, le plus grand honneur qui pouvait être accordé dans ce domaine[17].

Citant un livre décrivant l'histoire du Trinity College, Weremchuk explique que, pour avoir droit à cette médaille, Darby devait remplir les conditions suivantes :

> La compétition en vue de l'obtention des médailles était réservée aux étudiants qui avaient déjà démontré leur niveau d'excellence en remportant un premier prix à l'examen de fin de trimestre ; et en ce qui concerne le rang qu'ils occupaient dans cette liste de candidats, ils étaient classés comme premiers de la classe, ce qui avait comme conséquence à l'examen en vue de l'obtention du diplôme d'être non seulement évalués minutieusement, mais aussi de l'être sur une plus grande variété de sujets. Ainsi, autant pour les études classiques qu'en science, un niveau honorable était requis des étudiants ; mais pour ceux qui aspiraient aux deux médailles, une

---

15. Weremchuk, *John Nelson Darby*, p. 29.
16. Field, *John Nelson Darby: Prophetic Pioneer*, p. 25.
17. *Ibid.*, p. 26.

pour chaque catégorie, un niveau plus élevé était requis, en ce qu'ils devaient se spécialiser dans chaque domaine. Par exemple, dans la catégorie classique, on ajoutait au programme normal seulement quelques ouvrages (quelques textes d'Aristote, une pièce d'Eschyle, *De l'orateur* de Cicéron, et *L'Art poétique* d'Horace), mais à tous ceux qui s'inscrivaient en vue de l'obtention de la médaille, une note les avisait de se préparer à suivre un cours approfondi sur l'Histoire, et d'avoir des connaissances solides sur la prosodie et autres subtilités de la langue grecque, outre la nature et l'histoire de l'art dramatique grec. […] Il fallait également bien connaître la poésie classique anglaise, et être à l'aise au moins en composition latine[18].

Cette citation nous permet d'apprécier le niveau supérieur d'éducation que Darby a reçu dans l'étude des langues, dont, en particulier, l'anglais, le grec et le latin, même s'il s'agissait d'études classiques littéraires et non d'études sur la Bible elle-même. Il a reçu une formation académique laïque (en Droit) plutôt que religieuse. Field a écrit « qu'il n'y a aucune trace écrite démontrant une formation spécifique en vue de l'ordination[19] ». Pourtant, ses aptitudes et ses compétences en matière linguistique ne faisaient aucun doute. Citant William Kelly, Weremchuk écrit :

En fait, *[Darby]* est un étudiant sérieux, doté d'un esprit analytique et critique, non seulement envers les textes hébreux et grecs originaux, mais aussi envers des versions anciennes et d'autres ouvrages qui pourraient jeter un éclairage important et sérieux sur la révélation ; il est également versé dans l'histoire de l'Église[20].

Ses livres étaient également un reflet de la connaissance qu'il avait des langues originales de la Bible : « Parmi les rares éditions de l'Écriture qu'on retrouvait dans sa bibliothèque personnelle, il y avait la Bible polyglotte d'Alcalá 1514-1517, la première version

---

18. Weremchuk, *John Nelson Darby*, p. 31.
19. Field, *John Nelson Darby: Prophetic Pioneer*, p. 28.
20. Weremchuk, *John Nelson Darby*, p. 55.

sous forme imprimée du Nouveau Testament grec, et la première édition d'Érasme en 1516[21]. » Dans leurs chapitres respectifs consacrés aux écrits de Darby, Field et Weremchuk mentionnent tous les deux ses compétences en linguistique. Field a écrit que « Darby était un linguiste brillant, tant en latin, qu'en grec et en hébreu, et en plus il parlait et écrivait couramment le français, l'allemand et l'italien »[22]. Weremchuk ajoute « que sa compréhension du néerlandais était bonne mais qu'il avait de la peine à le parler »[23]. Les deux biographes rapportent aussi que, durant un séjour en Nouvelle-Zélande, Darby a appris le dialecte Maori et qu'il s'en est ensuite servi pour prêcher[24].

Dans un article écrit en 1847, Darby souligne : « Je ne prétends pas être un érudit, mais je connais le grec, et j'ai étudié le Nouveau Testament grec[25]. » Ces renseignements recueillis nous permettent d'affirmer que Darby avait une excellente connaissance du grec, et ce, grâce à l'éducation qu'il avait reçue tôt dans sa jeunesse à Westminster et au Trinity College. Toutefois, sa connaissance de l'hébreu était peut-être inférieure à celle du grec, comme semble le démontrer sa correspondance. En effet, ce n'est que tardivement qu'il l'a appris. Alors qu'il avait 67 ans, Darby écrit, dans une lettre envoyée de Boston à Pierre Schlumberger : « Mon temps n'étant pas autant rempli qu'en Europe, j'ai fait beaucoup d'hébreu[26] ». Mais quelles que soient les circonstances entourant son apprentissage des langues originales de la Bible,

---

21. *Ibid.*, p. 56.
22. Field, *John Nelson Darby: Prophetic Pioneer*, p. 168.
23. Weremchuk, *John Nelson Darby*, p. 164.
24. Field, *John Nelson Darby: Prophetic Pioneer*, p. 168 ; Weremchuk, *John Nelson Darby*, p. 164.
25. John Nelson Darby, « *Brief Scriptural Evidence on the Doctrine of Eternal Punishments, for Plain People* » [Quelques preuves scripturaires de la doctrine des peines éternelles pour des gens ordinaires], trad. libre, dans *The Collected Writings of John Nelson Darby*, vol. 7, p. 1.
26. *Le Messager Évangélique*, 1901, p. 379. Voir aussi Darby, *Letters of J. N. D.*, vol. 2, p. 56, écrite en 1869.

Darby possédait toutes les connaissances et compétences requises pour mener à bien la traduction de la Bible en plusieurs langues. Dans une lettre écrite aux alentours de 1870, c'est bien humblement qu'il dit : « Et même avec le peu de connaissances que j'ai du grec et de l'hébreu, etc., j'estime que je sers le Seigneur et que je donne à ceux qui n'ont pas ces connaissances une version de la Bible qui est aussi fidèle que possible à l'original[27]. »

La prochaine section expliquera de quelle manière Darby s'est progressivement éloigné du *Texte Reçu*.

5.3 Darby abandonne le *Texte Reçu*

Dans une lettre postée de Londres en juillet 1869 et destinée à Pierre Schlumberger, Darby indique qu'il y a quelques complications avec le *Texte Reçu* et la *Version autorisée* parce que les textes sources présentent dans certains cas des incertitudes[28]. Darby en était arrivé à la conclusion que le *Texte Reçu* était « inexact[29] » et qu'il « ne revêtait aucune autorité[30] ». Dans la préface de sa première édition du Nouveau Testament en français (la version *Vevey* de 1859), il explique les raisons pour lesquelles il a rejeté le *Texte Reçu* :

> La première impression de la Bible est due au cardinal Ximènes, mais les sources auxquelles il puisa sont encore peu connues. Deux ans avant cette publication, Érasme avait déjà publié une petite édition du texte grec, mais il n'avait pu consulter que fort peu de manuscrits, et même, pour l'Apocalypse, il n'en avait eu à sa disposition qu'un seul fort incorrect et incomplet. Vers le milieu du XVIe siècle, R. Étienne (Stéphanus) publia à Paris une édition du texte grec, basée sur la comparaison par lui faite de 13 manuscrits

---

27. Darby, *Letters of J. N. D.*, vol. 2, p. 65.
28. Voir *Le Messager Évangélique*, 1901, p. 414.
29. John Nelson Darby, *Les livres saints connus sous le nom de Nouveau Testament* (version nouvelle), Vevey, Suisse, Imprimerie de Ch.-F Recordon, édition électronique, < www.books.google.ca >, 1859, p. vii.
30. *Bible notes from the 1871 edition of the New Testament*, p. 403.

qu'il avait trouvés dans la bibliothèque royale et d'un 14ᵉ examiné par son fils Henri, et qui, plus tard, des mains de Théodore de Bèze a passé dans la bibliothèque de Cambridge. Th. de Bèze publia lui-même, vers la même époque, une édition du Nouveau Testament avec une nouvelle traduction latine. Enfin, en 1633, on publia en Hollande une nouvelle édition du texte grec, peu différente de celle d'Étienne, et on fut assez hardi pour lui donner le titre de : « *Textus ab omnibus receptus* », *Texte Reçu* de tous. Si maintenant on laisse de côté les traductions faites sur la Vulgate, ou ancienne version latine, on peut dire, du moins pour autant qu'on le sache, que tous les traducteurs modernes du Nouveau Testament ont pris jusqu'ici pour base de leur travail le texte appelé « *Texte Reçu* de tous », ou un texte encore moins correct. Or ce *Texte Reçu* ne repose que sur un nombre très restreint de manuscrits. La critique était peu avancée à l'époque où il fut publié. Les craintes aussi des personnes qui désiraient que la foi commune ne fût pas ébranlée, empêchèrent que la question de l'exactitude du texte ainsi présenté, fût soulevée. Mais dès lors, plusieurs centaines de manuscrits, dont quelques-uns d'une très haute antiquité, ont été examinés et comparés avec soin : on a pu ainsi corriger les fautes que des copistes avaient introduites dans les 13 manuscrits d'Étienne, ou qui, de toute autre manière, avaient passé dans le « *Texte Reçu* ». Les savants, qui ont ainsi employé leur temps et leur sagacité à purifier le texte des fautes qui s'y étaient glissées par l'incurie ou la présomption des hommes, ont formé un texte corrigé, en classant, d'après divers systèmes, et en jugeant, chacun à son point de vue particulier, les nombreux manuscrits actuellement connus. […] Ces quelques mots feront comprendre au lecteur pourquoi nous avons abandonné un texte reconnu inexact à plusieurs endroits. Il convenait toutefois de ne pas nous livrer à une critique hasardée et incertaine : ainsi, là où les principales éditions, comme celles de Griesbach, Scholz, Tischendorf, Lachmann, et souvent d'autres moins connues, sont d'accord, nous avons suivi le texte tel qu'elles nous le donnent ; nous n'avions aucun motif pour nous attacher à un texte moins pur. D'un autre côté, ne voulant pas faire de la critique, nous avons purement et simplement conservé le *Texte Reçu*, là où ces principaux éditeurs ne se sont pas accordés. De plus nous avons eu soin d'indiquer chaque fois, en note, les passages dans lesquels nous nous sommes écartés du *Texte Reçu*, en donnant en même temps la traduction de celui-ci. Il reste à expliquer au lecteur pourquoi, dans l'Apocalypse, nous n'avons plus donné au bas de la page, les leçons du *Texte Reçu*. Comme nous l'avons déjà dit, l'Apocalypse avait été imprimée par Érasme d'après un seul manuscrit bien inexact, auquel manquaient même les deux derniers chapitres que ce savant a traduits du latin. Maintenant au contraire, on a collationné avec plus ou moins de soin 93 manuscrits, dont trois à lettres onciales. Nous n'avons pas pensé qu'il fallût reproduire toutes les fautes d'un seul manuscrit imparfait. Érasme a fait ce qu'il a pu, mais il n'y avait pas besoin de rappeler des erreurs qu'il n'a pu éviter[31].

Ainsi, dans la première édition de son Nouveau Testament en allemand, français et anglais, Darby a conservé le *Texte Reçu*, là où les principaux éditeurs ne s'accordaient pas. De plus, il a indiqué dans des notes marginales les passages dans lesquels il s'en écartait, sauf pour l'Apocalypse, qui reposait sur un seul manuscrit bien inexact. Dans la deuxième édition de son Nouveau Testament en français et en anglais, les lectures du *Texte Reçu* ont graduellement été écartées, pour se retrouver dans les notes. Alors qu'il préparait sa troisième édition du Nouveau Testament en anglais, qui fut publiée en 1884, Darby introduisit un changement dans sa manière d'aborder la lecture du *Texte Reçu*, qu'il expliqua à William Kelly dans une lettre écrite en janvier 1881 :

> Je vais te dire où j'en suis avec cette nouvelle édition car le tirage de la précédente est épuisé. […] là où j'indiquais la lecture du *Texte Reçu*, dans une note, j'ai ajouté les principales autorités pour ou contre. Mais je doute d'avoir fait quoi que ce soit de bien ainsi[32].

---

31. Darby, *Les livres saints connus sous le nom de Nouveau Testament* (version nouvelle), p. ii-iii, vii.

32. Darby, *Letters of J. N. D.*, vol. 3, p. 129.

Par exemple, la note « y » associée au passage de Galates 3.12 mentionne que le « *Texte Reçu* donne comme lecture "l'homme" avec E K L 37 47 et beaucoup d'autres manuscrits ; tandis que ℵ A B C D F G P 17 Am Syr Memph l'omettent »[33]. Cette particularité a été abandonnée dans la quatrième édition. Enfin, dans un article discutant des nouvelles versions du Nouveau Testament, W. J. Lowe a soumis un tableau très intéressant, dans lequel il donne des statistiques au sujet des variantes de lecture dans la version *Vevey* (apparemment la deuxième édition 1872)[34]. Le tableau suivant reproduit en partie ces données[35] :

Version *Vevey*		
Nombres de passages où :		
	Une variante douteuse est indiquée	*Une variante du T. R. est gardée*
Évangiles	24	66
Actes	15	12
Épîtres pastorales	8	16
Épîtres pauliniennes	27	38
Apocalypse	9	5

Selon ce tableau, très peu de variantes du *Texte Reçu* ont été conservées dans la version *Darby* du Nouveau Testament en français. Nous allons examiner dans la prochaine section l'interaction que Darby a eue avec les différents manuscrits et autres sources.

---

33. John Nelson Darby, *The Gospels, Acts, Epistles, and Book of Revelation: Commonly called the New Testament: A new translation from a revised text of the greek original*, 3rd edition, revised [Les Évangiles, les Actes, les Épîtres et le livre de l'Apocalypse, généralement connus sous le nom de Nouveau Testament : une nouvelle traduction à partir d'une révision du texte original grec, 3ᵉ édition révisée], trad. libre, Londres, Royaume-Uni, G. Morrish, édition électronique, < www.presenttruthpublishers.com >, 1884, Galates 3.12.

34. Lowe, *Remarques sur les versions nouvelles du Nouveau Testament*, p. 16.

35. La colonne qui servait de comparaison entre la version *Vevey* et la version française *Oltramare* a été laissée de côté dans ce tableau.

5.4 L'interaction de Darby avec les manuscrits et autres sources

Darby a écrit qu'Érasme « n'avait pu consulter que fort peu de manuscrits, et même, pour l'Apocalypse, il n'en avait eu à sa disposition qu'un seul, fort incorrect et incomplet », et « qu'il a fait ce qu'il a pu »[36]. En revanche, cela a causé dans le texte « des erreurs qu'il n'a pu éviter[37] ». Il est intéressant de constater que Darby a fait l'objet de critiques similaires. En effet, Alfred Kuen a écrit que Darby (tout comme Luther et Olivétan) « n'était pas vraiment responsable des fautes retrouvées dans sa traduction puisqu'il avait utilisé seulement les manuscrits disponibles à son époque et qu'il les avait traduits en accord avec les principes et méthodes estimés les meilleurs[38] ». Son commentaire suggère fortement que, depuis l'époque de Darby, la quantité de manuscrits a augmenté, mais aussi que les principes et méthodes de traduction se sont améliorés.

Un résumé de l'histoire des manuscrits et autres sources du Nouveau Testament sera présenté avant d'aborder le thème principal de cette section. La prochaine citation provient d'un article[39] intitulé *L'inspiration de l'Écriture Sainte* et publié dans le *Messager Évangélique* en 1915. Son auteur est J. N. Voorhoeve, un collaborateur de la version *Darby* en français. Il écrit :

> Le Nouveau Testament [...] nous a été transmis en des centaines de manuscrits, qui diffèrent en quelque manière dans les citations faites par les Pères de l'Église depuis le second siècle, et dans les traductions syriaque, égyptienne, latine, etc., des deuxième et troisième siècles. Les écrits des apôtres étaient sur papyrus et ne pouvaient durer que quelques siècles, mais quelques très anciens

---

36. Kelly, *The Collected Writings of John Nelson Darby*, vol. 13, p. 188.
37. *Ibid.*, p. 192.
38. Kuen, *Une Bible et tant de versions*, p. 67.
39. Cet article a été à l'origine écrit en néerlandais.

manuscrits se sont conservés. Celui que le prof. Tischendorf a trouvé en 1859 dans le couvent de Ste-Catherine, sur le Sinaï, est peut-être le plus ancien. Il a probablement été écrit vers 330, et manquait au temps de la Réformation, lors de la traduction de la Bible en différentes langues. On ne connaissait alors que 14 manuscrits, dont on se contenta longtemps, même après en avoir trouvé d'autres, de peur d'ébranler la foi de tous ceux qui avaient accepté le Nouveau Testament sous cette forme. […] Quoiqu'il soit vrai que Dieu n'ait pas voulu nous conserver les manuscrits originaux, c'est pourtant remarquable de voir comment il a veillé sur les copies. Les manuscrits diffèrent ici et là, mais toujours et uniquement dans de petits détails, de petites différences qui n'ont absolument point d'influence sur le texte propre. Le manuscrit trouvé au Sinaï comprend le Nouveau Testament tout entier, sans qu'il n'y manque rien. Peut-être est-ce l'un des 50 exemplaires de la Bible qui ont été écrits par ordre de l'empereur Constantin en 331, et dont Justinien en donna un aux moines, pour lesquels il fit bâtir le couvent du Sinaï. On sait que la plupart des manuscrits ont été écrits par les moines, pendant leurs loisirs. Dieu a veillé sur sa Parole, de sorte que nous pouvons dire avec certitude que nous avons la pure parole de Dieu, la Bible inspirée, et quoiqu'il ne Lui ait pas plu de nous laisser les manuscrits originaux, nous avons la Bible dans son texte original, sauf quelques petits détails. Il existe en tout plus de 1140 manuscrits du Nouveau Testament, malgré la destruction d'un grand nombre d'entre eux par l'âge et par le feu des ennemis. Nous avons 40 exemplaires du Nouveau Testament en entier ; plus de 500 des Évangiles ; plus de 200 des Actes et des épîtres catholiques ; environ 300 des épîtres de Paul ; de l'Apocalypse presque 100. À part cela, nous possédons la traduction syriaque de Peshito de la fin du second siècle, et la traduction latine, la Vulgate, qui a été revue au cinquième siècle par Jérôme. […] J'ajouterai encore quelques mots au sujet des manuscrits et des traductions. Robert Étienne (Paris) donna au XVIe siècle, une édition du Nouveau Testament pour laquelle il avait comparé 14 manuscrits ; de Bèze en publia une presque en même temps en grec avec traduction latine. Ce texte de de Bèze, qui variait très peu de celui d'Étienne, fut employé par les Elzévirs, à Leyde, pour leurs nombreuses éditions du Nouveau Testament, et dans leur édition de 1663, ils eurent la hardiesse de le nommer, dans l'introduction : « *Textus ab omnibus receptus* » (*Texte Reçu* de tous). Toutes les traductions de la Réformation sont faites sur une de ces éditions. – Les traductions catholiques sont faites d'après la Vulgate. Depuis lors, beaucoup de savants pieux ont fait des recherches dans les bibliothèques de l'Europe, et ont entrepris de grands voyages pour rassembler autant de manuscrits que possible, de sorte que nous possédons maintenant un texte grec du Nouveau Testament qui peut être comparé avec des centaines de manuscrits et aussi avec les écrits des Pères de l'Église[40].

Dans cet article, Voorhoeve précise que les traducteurs, du temps de la Réforme jusqu'au XIXe siècle, hésitèrent à modifier le texte du Nouveau Testament, de peur d'ébranler la foi des croyants dans la Parole de Dieu. Darby était tout à fait conscient de ce problème. En effet, dans un article écrit en 1871, il dit :

> Pour l'Apocalypse, Érasme n'avait eu à sa disposition qu'un seul manuscrit, un texte intercalé dans un commentaire. Le texte d'Étienne avait quant à lui treize manuscrits de qualité inférieure. Érasme engagea un homme pour séparer dans le manuscrit le texte grec de celui du commentaire. Il réalisa la traduction en grec des derniers versets de l'Apocalypse à partir de la Vulgate. Nous possédons aujourd'hui une centaine de manuscrits du livre de l'Apocalypse, dont cinq manuscrits à lettres onciales ; en revanche, les premières traductions de ce livre ont toutes été faites à partir de ce seul manuscrit, celui d'Étienne ; *on dirait que nous sommes en train de changer ce à quoi nous étions tous habitués*[41].

---

40. *Le Messager Évangélique*, 1915, p. 344-347.
41. Darby, « On the Gospel According to John », dans *The Collected Writings of John Nelson Darby*, vol. 25, p. 251, italiques pour souligner.

Une autre information importante nous est donnée dans cet article. Voorhoeve y mentionne le nombre total de manuscrits, tout en le répartissant selon les différents écrits du Nouveau Testament – disponibles au moment où il a rédigé son article. Ce nombre devrait correspondre à celui de l'époque de Darby. Dans la préface de la première édition (1855) de sa version en allemand, Darby mentionne qu'il existait environ « six cents [*manuscrits*] du Nouveau Testament entier ou en morceaux[42] ». En revanche, dans la préface de la première édition (1859) de la traduction française du Nouveau Testament dite « de Vevey », il dit simplement qu'il y a « plusieurs centaines de [*manuscrits*][43] » disponibles, ne prenant la peine d'indiquer le nombre exact de manuscrits que pour l'Apocalypse. Il poursuit en disant que lui et ses aides avaient « collationné avec plus ou moins de soin 93 manuscrits, dont trois à lettres onciales[44] ».

Toutefois, une note de l'éditeur W. Kelly indique que cette affirmation est inexacte, et renvoie le lecteur à la page 175 du même livre, laquelle renferme la préface de la version *Darby* du Nouveau Testament en allemand, où Darby écrit que les traducteurs avaient « collationné 93 manuscrits de ce livre [*l'Apocalypse*], desquels trois sont très anciens[45] ». L'éditeur ajoute ici une autre note : « On peut maintenant ajouter le manuscrit du Sinaï. On possède maintenant plus de cent manuscrits grecs en lettres cursives (qui ont tous été étudiés, sauf quelques-uns qui ne le sont présentement qu'en partie), et cinq en lettres onciales[46]. »

Dans la préface de sa deuxième édition du Nouveau Testament en français, Darby a fourni la liste des principaux documents du Nouveau Testament : les manuscrits à lettres

---

42. Kelly, *The Collected Writings of John Nelson Darby*, vol. 13, p. 171.

43. Darby, *Les livres saints connus sous le nom de Nouveau Testament* (version nouvelle), p. iii.

44. *Ibid.*, p. vii.

45. Kelly, *The Collected Writings of John Nelson Darby*, vol. 13, p. 175.

46. *Ibid.*

onciales, les versions anciennes, et les principaux Pères grecs et latins[47]. L'introduction de la troisième édition (1884) en anglais fournit quant à elle une liste encore plus complète[48]. Un livre récent portant sur le sujet de la critique textuelle permet toutefois aujourd'hui de connaître avec exactitude le nombre de manuscrits pour chaque section du Nouveau Testament[49].

Le tableau qui suit met en parallèle le nombre de manuscrits mentionnés dans l'article de Voorhoeve paru en 1915 et les données du livre de Parker publié en 2008.

	Nombre de manuscrits		
	Voorhoeve 1915	Parker 2008	Emplacement[50]
N. T. entier	40	61	1268
Évangiles	500	3984	4626
Actes et épîtres générales	200	662	4134
Épîtres pauliniennes	300	792	3776
Apocalypse	100	306	3459
TOTAL	1140	5805[51]	

Dans un article en ligne, Norman L. Geisler rapporte un nombre total de manuscrits qui est du même ordre de grandeur que celui mentionné dans le livre de Parker. Il écrit : « À ce jour,

---

47. Darby, *Les livres saints connus sous le nom de Nouveau Testament* (version nouvelle, 2ᵉ éd. 1872, réimpression 1980), p. xvi-xvii.

48. *Bible notes from the 1871 edition of the New Testament*, p. 417.

49. D. C. Parker, *An Introduction to the New Testament Manuscripts and Their Texts* [Une introduction aux manuscrits du Nouveau Testament et leurs textes], trad. libre, New York, New York, Cambridge University Press, édition Kindle, 2008.

50. C'est le numéro d'emplacement (qui correspond au numéro de page) dans l'édition numérique du livre de Parker.

51. Ce total n'apparaît pas dans le livre de Parker. Il correspond à la somme des manuscrits de chaque section.

il existe près de 5 800 manuscrits du Nouveau Testament. Nous sommes redevables à Kurt Aland et Dan Wallace du Dallas Theological Seminary pour leur travail de comptabilisation[52]. » Il existe aujourd'hui cinq fois plus de manuscrits qu'à l'époque de Darby. En ce qui concerne les versions anciennes et les Pères de l'Église, Darby s'est contenté, dans sa deuxième édition du Nouveau Testament en français, d'en donner seulement une liste des principaux éléments. Cependant, une partie de sa correspondance révèle la connaissance approfondie qu'il avait de ces sujets. En effet, dans une lettre écrite le 23 mars 1880 et envoyée à un certain H. C. Anstey, Darby écrit :

> En ce qui concerne les Pères, et pour les avoir presque tous consultés, je dois dire que j'en ai lu quelques-uns, dont certains avec beaucoup d'attention. Mais lorsque j'ai entrepris, il y a plusieurs années, d'en faire la lecture, j'ai réalisé assez vite que ça ne valait pas la peine d'investir du temps et de l'effort dans leur étude ; tout au moins avaient-ils une valeur sur le plan historique, et sous ce rapport, j'en ai largement profité[53].

Nous voyons ailleurs que Darby possédait une très bonne connaissance des versions anciennes. Ainsi, dans une lettre envoyée d'Angleterre en février 1871 à Pierre Schlumberger, commentant le manuscrit Brix[54], il écrit : « C'est le manuscrit d'une ancienne version latine, mais qui est toujours en accord avec le *[Texte Reçu]*[55]. » Il a dit par ailleurs, dans un article écrit en 1871 :

> Je ne sais pas quelle est la meilleure lecture du verset 69, car je ne prends pas la peine de m'intéresser à toutes les variantes, à moins

---

52. Norman L. Geisler, *Updating the Manuscript Evidence for the New Testament* [Mise à jour des manuscrits connus en lien avec le Nouveau Testament], trad. libre, 2013 < www.normangeisler.net > (page consultée le 28 mai 2014).
53. Darby, *Letters of J. N. D.*, vol. 3, p. 71.
54. Le Codex Brixianus, du VIe siècle, contient les Évangiles.
55. *Le Messager Évangélique*, 1902, p. 40.

qu'il y ait quelque chose de positif dans cet exercice. Le Testament de Tischendorf en anglais jette plus de doute que d'éclaircissement sur le texte anglais ; proposant aux croyants des variantes de trois manuscrits, parmi lesquelles ils doivent trancher, comme s'ils en étaient capables. Cela est loin de me satisfaire. C'est une chose difficile pour quelqu'un d'apprécier ces manuscrits à leur juste valeur. Ces gens tournent le dos à l'Alexandrinus pour en suivre d'autres ; mais la version syriaque est plus ancienne, et elle suit la plupart du temps l'Alexandrinus[56].

Darby n'a pas expliqué ce qu'il voulait dire par les termes « à moins qu'il y ait quelque chose de positif ». Il faisait peut-être allusion à la clarté du texte. Néanmoins, son commentaire montre bien la connaissance qu'il possédait de certaines caractéristiques propres aux versions anciennes telle la version syriaque. Quoique ni Darby ni Voorhoeve n'ait avancé un nombre précis quant à la quantité de copies des versions anciennes et des citations des Pères de l'Église, il est probablement juste de dire que leur nombre n'a fait que s'accroître jusqu'à ce jour. Écrivant au sujet des traductions anciennes du Nouveau Testament en différentes langues, comme le syriaque, l'arabe, l'éthiopien, le latin, le copte, et beaucoup d'autres, Norman L. Geisler affirme que « le nombre total de copies du Nouveau Testament dans ces langues atteint maintenant 18 000, dont 10 000 en latin[57] ». Il ajoute aussi que « Dan Wallace estime le nombre de citations à environ un million, si on inclut toutes les citations des Pères de l'Église[58] ». En soulignant le grand nombre de textes du Nouveau Testament, Geisler conclut :

---

56. Darby, « *On the Gospel According to John* », dans *The Collected Writings of John Nelson Darby*, vol. 25, p. 246.
57. Geisler, *Updating the Manuscript Evidence for the New Testament*.
58. *Ibid.*

Le fait que nous disposons de tellement de manuscrits du Nouveau Testament, de traductions anciennes faites à partir d'eux, et même de citations venant des Pères de l'Église, nous permet d'affirmer que la véritable interprétation de chaque passage douteux est préservée dans l'une ou l'autre de ces sources anciennes[59].

Nous avons mentionné plus haut que Philip Comfort a écrit que la *Nouvelle Traduction* (la deuxième édition de 1871 en anglais) « s'appuyait largement sur le Codex Vaticanus et le Codex Sinaïticus[60] ». L'affirmation selon laquelle Darby consulta le Codex Sinaïticus, découvert par Tischendorf, et le Codex Vaticanus – après sa publication – s'est révélée vraie. En effet, dans la préface revue de sa deuxième édition du Nouveau Testament en anglais, Darby écrit :

Depuis la publication de ma première édition, laquelle se fondait sur le texte commun des quatre éditeurs reconnus, en suivant le *Texte Reçu* là où ils ne s'accordaient pas, à ce moment-là le manuscrit Sinaïticus a été découvert et le Vaticanus a été publié[61].

Darby a mentionné dans une lettre envoyée de Londres en mars 1871 à un certain M. « P. » qu'il avait à de nombreuses reprises consulté ces manuscrits dans le cadre de ses traductions :

Nous imprimons la seconde édition du Nouveau Testament français, avec les corrections et notes nouvellement ajoutées de la seconde édition anglaise, la troisième édition allemande, avec les mêmes corrections, ainsi que l'Ancien Testament que j'avais traduit la dernière fois que j'étais en Allemagne, ce qui, avec le travail ordinaire de l'œuvre, ne m'a pas laissé oisif. J'ai dû consulter

---

59. *Ibid.*
60. Comfort, *The Complete Guide to Bible Versions*, chapitre 5.
61. *Bible notes from the 1871 edition of the New Testament*, p. 404.

plusieurs nouveaux manuscrits et m'occuper d'autres travaux critiques qui ne nourrissent guère[62].

Toutefois, il est sans doute exagéré de dire que les traductions de Darby « s'appuyaient largement sur le Codex Vaticanus et le Codex Sinaïticus[63] ». Il avait plutôt un point de vue critique sur ces manuscrits. Dans un article écrit en 1881 à propos du *Nouveau Testament Révisé* (en anglais), Darby dit :

> Je n'accepte pas leur [*le comité de révision*] texte critique ; c'est sans discernement qu'on accorde au Sinaïticus et au Vaticanus un sceau d'approbation – bien que je leur reconnaisse une utilité certaine lorsqu'ils sont comparés et évalués avec d'autres manuscrits et d'autres versions [...]. Si je ne mets pas en doute leur valeur respective, je suis loin de reconnaître leur autorité[64].

De plus, dans la préface revue de sa deuxième édition du Nouveau Testament en anglais, Darby a clairement affirmé que ces deux manuscrits avaient été modifiés par le clergé :

> Mais j'en parle parce qu'il s'agit ici des plus anciens manuscrits (le Sinaïticus et le Vaticanus). Ils portent les marques de l'intervention des gens d'Église. Tout cela cependant a suscité peu de difficultés, car leur intervention a été facilement décelée et corrigée, et s'est donc avérée sans conséquences néfastes ; mais le fait qu'elle fut détectée aussi facilement démontre bien que ces manuscrits ont été modifiés[65].

Enfin, Darby estimait le manuscrit Vaticanus au-dessus du Sinaïticus : « Quoique la copie du Vaticanus soit supérieure

---

62. *Le Messager Évangélique*, 1894, p. 439.

63. Comfort, *The Complete Guide to Bible Versions*, chapitre 5.

64. John Nelson Darby, « *Letters on the Revised New Testament* » [Lettres sur le Nouveau Testament Révisé], trad. libre, dans *The Collected Writings of John Nelson Darby*, vol. 33, p. 114-115.

65. *Bible notes from the 1871 edition of the New Testament*, p. 406.

au Sinaïticus, elle n'est d'aucune manière sans faute, sauf dans l'Apocalypse ; et pourtant, elle trouve sa valeur en ce qu'elle nous donne le Nouveau Testament en entier, étant probablement la copie la plus ancienne dont on dispose[66]. »

C'est à partir de la deuxième édition de chacune de ses différentes versions que Darby et ses collaborateurs ont commencé à examiner les nouveaux manuscrits récemment découverts et disponibles sous forme imprimée, en particulier en regard de quelques textes litigieux[67]. Dans une lettre écrite à Londres le 7 avril 1878 et envoyée à Pierre Schlumberger, Darby dit : « Je vous dirai que je corrige ma traduction anglaise du Nouveau Testament ; ce ne sont que quelques leçons changées, et par-ci par-là un mot plus clair ou quelques petites fautes corrigées. Je vous le dis, parce que cela vous regarde en vue du français[68]. » Il semble évident ici que tout le travail accompli au niveau de la version en anglais influencerait celle en français.

Pour conclure ce chapitre, nous citerons quelques extraits provenant des préfaces de ses différentes versions, au sein desquelles Darby fournit quelques explications sur la manière dont il a interagi avec les documents à sa disposition (les manuscrits du Nouveau Testament grec, les versions anciennes et les citations des Pères de l'Église).

> Il existe environ six cents manuscrits du Nouveau Testament entier ou de certaines parties. Ils ont été plus ou moins comparés afin de les expurger des erreurs accumulées au fil du temps par les nombreux copistes. Nous ajoutons, pour le bénéfice du simple lecteur, que le Nouveau Testament a été l'objet de nombreuses traductions depuis les premiers siècles de notre ère. Par exemple, il suffit ici de nommer la version syriaque, et la version Latine du IIe siècle,

---

66. *Ibid.*

67. Pour Darby, les trois plus graves questions qui se posent relativement au texte sont : 1 Ti 3.16, les premiers versets de Jean 8 et la dernière partie de Marc 16.

68. *Le Messager Évangélique*, 1902, p. 300.

laquelle fut corrigée au Ve siècle par Jérôme et connue depuis sous le nom de Vulgate, et qui fera autorité dans l'Église catholique romaine. Nous soulignons enfin comme autres ressources les nombreuses citations des livres sacrés faites par les Pères. Ils ont vécu après la mort des apôtres – dont un était cependant un contemporain de Jean. Leurs écrits nous transmettent avec une exactitude relative ce qu'était la lecture de l'Écriture à leur époque [*Nouveau Testament en allemand, première édition de 1855*][69].

Dans l'édition que nous présentons aujourd'hui au public, nous nous sommes livrés à une étude approfondie du texte ; nous avons profité des nouveaux et importants manuscrits qui ont été découverts et publiés [*Nouveau Testament en français, 2e édition de 1872*][70].

Nous avons fait une étude approfondie du texte. Laissant à peu près de côté Scholz qui s'est retiré lui-même, j'ai consulté Tischendorf (la 7e édition), Alford, Meyer, [W. M. L. ?] de Wette. De plus, pour tous les textes controversés, j'ai comparé les manuscrits du Sinaï, du Vatican, de Dublin, le manuscrit Alexandrin, celui de de Bèze, le manuscrit d'Ephrem, St Gall, Claromontanus, le manuscrit dit de Laud dans les Actes, Porphyrius en grande partie, la Vulgate, l'ancienne version latine dans Sabatier et Blanchini. Pour la version syriaque, j'ai dû m'en référer à d'autres, ne connaissant pas cette langue, et ne recourant d'ailleurs à cette source que pour constater la présence ou l'absence de mots ou de passages. J'ai consulté aussi le Zacynthius de Luc, et occasionnellement les Pères, – puis Étienne, de Bèze, Érasme [...]. L'intervention des gens d'église, chose triste à dire, a été l'une des principales causes des textes douteux [...] Aucun manuscrit toutefois n'est assez ancien pour avoir échappé à ces interventions. En sorte que le système qui admet que seuls les plus anciens manuscrits font autorité par eux-mêmes, sans tenir compte d'aucune comparaison adéquate et sans considérer les preuves internes, ne peut conduire qu'à l'échec. [...] J'ai profité

---

69. Kelly, *The Collected Writings of John Nelson Darby*, vol. 13, p. 171.

70. Darby, *Les livres saints connus sous le nom de Nouveau Testament*, version nouvelle, 2e éd. 1872, réimpr., 1980, p. vi.

des nouveaux et importants manuscrits qui ont été découverts et publiés, mais quand par contre on a d'un côté {aleph}, B, L ou B, L, – et de l'autre A, etc., j'avoue que je ne suis pas absolument certain que B, L soient exacts [...] J'y ai néanmoins apporté tous mes soins, espérant que le lecteur chrétien en recueillera le fruit à cause d'une plus grande exactitude dans l'édition nouvelle, laquelle n'est pas une copie d'une autre, mais ma propre traduction [*Nouveau Testament en anglais, 2ᵉ édition de 1871*][71].

La dernière citation provient de la préface de sa troisième édition du Nouveau Testament en anglais de 1884. Darby n'en est pas l'auteur.

Aucun des plus anciens *[manuscrits]*, et même plusieurs mis ensemble, ne représentent en eux-mêmes un témoignage concluant quant à leur exactitude, même si généralement, plusieurs preuves tendent à démontrer que le texte appelé Alexandrinus est celui qui se rapproche le plus du texte original. Ils doivent donc tous être vérifiés avec d'autres sources, comme les *[manuscrits]* à lettres cursives et, dans plusieurs cas, les citations des Pères de l'Église. Chaque passage doit être étudié selon ses particularités, à la lumière des différentes sources, et toujours en cherchant la direction de Dieu. Enfin, en gardant à l'esprit l'introduction de textes douteux par les gens d'Église, nous accorderons une attention particulière au contexte et à l'ensemble de l'enseignement de l'Écriture[72].

---

71. *Bible notes from the 1871 edition of the New Testament*, p. 404-405, 407-408.
72. *Ibid.*, p. 417.

CONCLUSION

Traduire la Bible en une langue est souvent l'œuvre d'une vie. John Nelson Darby, quant à lui, a traduit la Bible en trois langues au cours de sa vie. Chacune de ses traductions, en allemand, en français et en anglais, allie rigueur, cohérence entre les mots et proximité avec le texte original. Darby a fait le choix de la littéralité. Il en résulte un texte parfois un peu ardu à lire, mais qui a l'avantage d'être le moins possible déformé par des interprétations ou des choix théologiques. C'est à juste titre que ses trois traductions, malgré plus d'un siècle d'existence, sont considérées encore aujourd'hui comme les traductions de la Bible les plus précises qui soient dans chacune de ces langues.

En français, il existe aujourd'hui, par la grâce de Dieu, plusieurs bonnes traductions de la Bible, mais aucune d'entre elles n'égale celle de Darby. La Société Biblique de Genève a publié en 2010 une brochure intitulée *Les Bibles Françaises : Comment Choisir ?* Nous y voyons une classification des principales traductions françaises de la Bible en trois catégories : celles dont la formulation est très proche de l'originale, celles proches de l'originale, et celles éloignées de l'originale. Il n'est pas étonnant de constater que la traduction de Darby se retrouve dans la première catégorie, avec deux autres bibles françaises : la *Nouvelle Bible Segond* et la *Bible Chouraqui*. Toutefois, la comparaison de la version *Darby* avec la version *Nouvelle Bible Segond* montre une grande différence entre les deux, ce qui manifeste clairement que ces deux versions ne peuvent être placées sur le même plan. La principale faiblesse de la version *Nouvelle Bible Segond* réside dans sa manière de rendre en français certains mots importants du grec (dans le contexte de la terminologie de la théologie chrétienne), comme son recours au terme « se réveiller » au lieu de « ressusciter ». Quant à la *Bible Chouraqui*, de l'auteur juif d'expression française André Chouraqui, c'est une version très littérale, qui emploie un vocabulaire inhabituel, relevant plus de la translittération des mots que de leur traduction. Dans la catégorie des bibles reconnues pour leur « formulation très proche de l'original », la version française de la *Bible Darby* sort donc du lot.

Même si Darby a souvent dit qu'il n'avait jamais eu l'intention de produire un travail de chercheur destiné au monde académique, sa traduction démontre le contraire. En fait, l'un des buts de Darby était de fournir aux chrétiens une traduction aussi fidèle que possible du texte original, qui contribuerait ainsi à une meilleure compréhension de la Parole de Dieu. Pour Darby, la formulation du texte – ou l'élégance du style – n'était pas un facteur déterminant dans son travail de traduction. Tout ce qu'il voulait, c'était produire un outil d'étude unique. Force est de constater que Darby a atteint ce but dans ses différentes traductions.

Ainsi, la traduction de Darby constitue un outil d'étude idéal, autant pour les pasteurs et les prédicateurs que pour tous ceux qui aiment et étudient la Bible.

Chronologie des traductions de J. N. D.

1837-45	Anglais ? Projet de traduction
1845-47	Français 2ᵉ éd. de Lausanne
1855	Allemand NT – 1ᵉʳᵉ éd.
1856	Anglais Romains
1859	Français NT – 1ᵉʳᵉ éd.
1866	Anglais NT – 1ᵉʳᵉ éd.
1867	Allemand NT – 2ᵉ éd.
1871	Allemand Bible
1871	Anglais NT – 2ᵉ éd.
1872	Français NT – 2ᵉ éd.
1875	Français NT – 3ᵉ éd.
1877	Hollandais NT – 1ᵉʳᵉ éd.
1878	Français NT – 4ᵉ éd.
1882	Darby meurt
1884	Anglais NT – 3ᵉ éd.
1885	Français Bible
1890	Anglais Bible
1891	Italien NT – 1ᵉʳᵉ éd.

BIBLIOGRAPHIE

(Nous avons mis mis un astérisque devant les noms des auteurs d'ouvrages en français)

BEVIR, Edward L., *Letter to John Nelson Darby about the Italian translation*, Manchester, Royaume-Uni, Archives sur le mouvement des Frères à l'Université de Manchester, 1881.

Bible notes from the 1871 edition of the New Testament, English New Translation by J. N. Darby, annotated by the translator, Chessington, Royaume-Uni, Bible and Gospel Trust, 2013.

*BLOND, Pierre, *Les Assemblées de Frères : un siècle et demi d'Histoire (1827-1977)*, Bruxelles, Belgique, Faculté de Théologie Protestante, 1977.

BRUCE, F. F., *History of the Bible in English*, New York, N. Y., Oxford University Press, 1978.

*BURNIER, Louis, *La Version du Nouveau Testament dite de Lausanne, son Histoire et ses Critiques*, Lausanne, Suisse, Georges Bridel Éditeur, 1866.

*CADIOT, Émile, *Essai sur les conditions d'une traduction populaire de la Bible en langue française*, Strasbourg, France, Faculté de théologie protestante, 1868.

COMFORT, Philip W., *The Complete Guide to Bible Versions*, Wheaton, Ill., Living Books, 1991.

CROSS, Edwin N., *The Irish Saint and Scholar : A biography of William Kelly*, Londres, Royaume-Uni, chapitre 2, 2004.

*CUENDET, F., *Souvenez-vous de vos conducteurs*, Vevey, Suisse, Éditions Bibles et Traités Chrétiens, 1966.

*DARBY, John Nelson, *Collection J. N. D., Lettres 1 à 262*, Chailly-Montreux, Suisse, Éditions Bibles et Littérature Chrétienne, 2014.

———, *Il Nuovo Testamento: Nuova versione dall'originale greco*, Lancing, Royaume-Uni, Kingston Bible Trust, 1984.

———, *La Sainte Bible qui comprend l'Ancien et le Nouveau Testament traduits sur les textes originaux*, 5e éd., Grande édition fac-similé, La Haye, Pays-Bas, Imprimerie C. Blommendaal, 1885, édition électronique < http://bible.free.fr/archives/ >.

———, *Le Nouveau Testament, traduction revue sur l'original grec pour la diffusion de l'Évangile*, éditions La Bonne Semence, Valence, France, Bibles et Publications Chrétiennes, 2006.

———, *Les livres saints connus sous le nom de Nouveau Testament* (version nouvelle), Vevey, Suisse, Imprimerie de Ch.-F Recordon, 1859, édition électronique < www.books.google.ca >.

———, *Les livres saints connus sous le nom de Nouveau Testament* [version nouvelle, 2e éd. 1872, réimpr. 1980], Valence, France, Bibles et Publications Chrétiennes, 1980.

_____, *Letters of J. N. D.*, Kingston-on-Thames, Royaume-Uni, Stow Hill Bible Tract and Depot, 1970.

_____, *Notes and Comments on Scripture*, 7 vol., Jackson, N. J., Present Truth Publishers, 1883, édition électronique < www.presenttruthpublishers.com >.

_____, *Nya Testamentet: En Ny Översättning Från Det Grekiska Originalet Av J. N. Darby, Översättning Till Svenska Från De Engelska, Franska, Och Tyska Upplagorna*, Göteborg, Sweden, A. B. Petersons Forlag, 1961.

_____, *Papers of John Nelson Darby Collection*, Archives sur le mouvement des Frères à l'Université de Manchester.

_____, *The Epistle of Paul the Apostle to the Romans*, Londres, Royaume-Uni, T. H. Gregg, (s. d.).

_____, *The Gospels, Acts, Epistles, and Book of Revelation: Commonly called the New Testament: A new translation from a revised text of the greek original* (3rd *edition, revised*), Londres, Royaume-Uni, G. Morrish, 1884, édition électronique < www.presenttruthpublishers.com >.

_____, *The Gospels, Acts, Epistles, and Book of Revelation: Commonly called the New Testament: A new translation from a revised text of the greek original* (3rd *edition, revised*), Londres, Royaume-Uni, G. Morrish, 1920.

_____, *The Gospels, Acts, Epistles, and Revelation: Commonly called the New Testament: A new translation from a revised text of the greek original* (2nd edition, revised), Londres, Royaume-Uni, G. Morrish, 1871.

_____, *The Holy Scriptures: A new translation from the original languages, 1890 Edition*, Lancing, Royaume-Uni, Kingston Bible Trust, 1984.

Dates of J. N. Darby's Collected Writings, Chessington, Royaume-Uni, Bible and Gospel Trust, 2013.

DeMOSS, Matthew S., *Pocket Dictionary for the Study of New Testament Greek*, Downers Grove, Illinois, InterVarsity Press, 2001.

DOUGLAS, J. D., CAIRNS, E. E. et RUARK, J. E., *The New International Dictionary of the Christian Church*, Grand Rapids, Mich., Zondervan Publishing House, 1978.

EHLERT, Arnold D., *The Bible Collector*, El Cajon, Calif., The International Society of Bible Collectors, 1967.

ELWELL, W. A. et COMFORT, P. W., *Tyndale Bible Dictionary*, Tyndale reference library, Wheaton, Ill., Tyndale House Publishers, 2001.

EMBLEY, Peter L., *The Origins and Early Development of the Plymouth Brethren*, 2003, < www.bruederbewegung.de > (page consultée le 25 juin 2013).

EZHUMATTOOR, Sunny, *John Nelson Darby*, Dallas, Tex., 2005, < http://www.thekkel.com > (page consultée le 17 décembre 2011).

FIELD, Marion, *John Nelson Darby : Prophetic Pioneer*, Godalming, Royaume-Uni, Highland Books, 2008.

GARRONE, Daniele, *Bibbie d'Italia. La traduzione dei testi biblici in italiano tra Otto e Novecento*, Rome, Italie, 2011, < www.treccani.it > (page consultée le 22 décembre 2013).

GEISLER, Norman L., *Updating the Manuscript Evidence for the New Testament*, 2013, < www.normangeisler.net > (page consultée le 28 mai 2014).

GRUDEM, Wayne, *Translating Truth: The Case for Essentially Literal Bible Translation*, Wheaton, Ill., Crossway Books, édition Kindle, 2005.

HODGETT, L. J. L., *The correspondents of John Nelson Darby, with a geographical index and a chart of his travels through his life*, Ramsgate, Royaume-Uni, L. J. L. Hodgett, 1995.

HUEBNER, R. A., *Precious Truths Revived and Defended Through J. N. Darby*, 3 vol., Morganville, N. J., Present Truth Publishers, 1994-2004.

———, *The New International Version & the Translation by J. N. Darby: Several Doctrines Considered in Two Translations*, Morganville, N. J., Present Truth Publishers, 1994.

Il Nuovo Testamento: Nuova Versione dall'originale greco, Presso Il Dispensator, 1930.

Il Nuovo Testamento: Versione Nuova riveduta sull'originale greco, Milano, Italie, Presso Giovanni Biava, 1891.

IRONSIDE, Henry A., *A Historical Sketch of the Brethren Movement*, < http://www.wholesomewords.org/ > (page consultée le 28 juillet 2014).

*ISCHEBECK, Gustav, *John Nelson Darby, son temps et son œuvre*, Lausanne, Suisse, Éditions Vie & Liberté, 1937.

JACKSON, S. M., éd., *The New Schaff-Herzog Encyclopedia of Religious Knowledge*, New York, N. Y., et Londres, Royaume-Uni, Funk and Wagnalls Company, 1912.

KELLY, William, *John Nelson Darby as I Knew Him*, Belfast, Irlande du Nord, Words of Truth, 1986.

———, éd., *The Collected Writings of John Nelson Darby*, Jackson, N. J., Present Truth Publishers, 1883, édition électronique < www.presenttruthpublishers.com >.

*KUEN, Alfred, *Une Bible et tant de versions*, Saint-Légier, Suisse, Éditions Emmaüs, 1996.

*LADRIERRE, Adrien, *L'Église : une esquisse de son histoire pendant vingt siècles*, 3 vol., Vevey, Suisse, Éditions Bibles et Traités Chrétiens, 1990.

*Le Messager Évangélique, Chailly-Montreux, Suisse, Éditions Bibles et Littérature Chrétienne, 1860-2009.

*LORTSCH, Daniel, *Histoire de la Bible en France*, Paris, France, Agence de la Société Biblique Britannique et Étrangère, 1910.

*LOWE, W. J., *A Brief Account of the Life and Labours of the late*, Londres, Royaume-Uni, C. A. Hammond, 1927, < http://stempublishing.com > (page consultée le 4 juin 2013).

_____, *Letter to John Nelson Darby about the French translation*, Manchester, Royaume-Uni, Archives sur le mouvement des Frères à l'Université de Manchester, 1874.

_____, *Remarques sur les versions nouvelles du Nouveau Testament et en particulier sur celle de M. le prof. Hugues Oltramare de Genève*, Célas, France, édition électronique < http://bible.free.fr/archives/ > (page consultée le 29 avril 2014).

MACDONALD, William, et Art Farstad, éd., *Believer's Bible Commentary: Old and New Testaments*, Nashville, Tenn., Thomas Nelson, 1995.

PARKER, D. C., *An Introduction to the New Testament Manuscripts and Their Texts*, New York, N. Y., Cambridge University Press, édition Kindle, 2008.

PICKERING, Henry, *Chiefmen among the Brethren*, Neptune, N. J., Loizeaux Brothers, Incorporated, 1995.

REID, John, *F. W. Grant: His Life, Ministry and Legacy*, Plainfield, New Jersey, John Reid Book Fund, 1995.

*REMMERS, Arend, *Gedenket Eurer Führer: Lebensbilder Einiger Treuer Männer Gottes*, Schwelm, Allemagne, Heijkoop Verlag, 1990.

_____, *L'Histoire merveilleuse de la transmission de la Bible*, Valence, France, Bible et Publications Chrétiennes, 2002.

RYAN, D. P., *Two Nineteenth Century Versions of the New Testament*, Morganville, N. J., Present Truth Publishers, 1995.

RYAN, Thomas, *Mr. J. N. D.: A Sketch of Some of His Recent Doctrines and New Testament Emendations, and of His Confession*, Dublin, Irlande, Rowse and Co., (s. d.), édition électronique, Archives sur le mouvement des Frères à l'Université de Manchester.

SANT, Karm, « *Protestant Maltese Bible Translation: The Gospel of Mark. 1914-1915* », dans *Journal of Maltese Studies 13*, Malta University Press, 1979, < http://melitensiawth.com > (page consultée le 7 avril 2014).

SCHENKEVELD, Maria A., *Dutch Literature in the Age of Rembrandt: Themes and ideas*, Utrecht Publications in General and Comparative Literature, vol. 28, John Benjamins Publishing, 1991.

*SCHERER, Edmond, *La critique et la foi : deux lettres par Edmond Scherer*, Paris, France, Imprimerie de Marc Ducloux et Comp, 1850, édition électronique, < www.books.google.ca >.

*SCHLUMBERGER, Gustave, *Mes souvenirs (1844-1928), Tome Premier*, Paris, France, Librairie Plon, 1934.

*SEGOND, Louis, *Nouvelle Bible Segond*, Villiers-le-Bel, France, Société Biblique Française, 2002.

SOTHEBY, Wilkinson & Hodge, *Catalogue of the Library of the Late John Nelson Darby*, Londres, Royaume-Uni, J. Davy & Sons, 1889, édition électronique, Archives sur le mouvement des Frères à l'Université de Manchester.

SPURGEON, Charles H., éd., « Darbyism and Its New Bible », dans *The Sword and The Trowel*, Londres, Royaume-Uni, 1872, < www.biblicalstudies.org.uk > (page consultée le 24 avril 2014).

STONEY, A. M., *Darby of the Leap*, < http://www.mybrethren.org > (page consultée le 27 juin 2013).

The Christian Witness, < http://www.martinarhelger.de/brethren-magazines.htm > (page consultée le 7 avril 2014).

THOMAS, Robert L., *How to Choose a Bible Version: An Introductory Guide to English Translations*, Fearn, Grande Bretagne, Christian Focus Publications, 2000.

*THOMPSON, Frank C., *La Bible Thompson avec chaîne de références*, Miami, Flor., Éditions Vida, 1990.

TURNER, W. G., *Unknown and Well Known: A Biography of John Nelson Darby*, Londres, Royaume-Uni, chapitre 2, 2006.

VOORHOEVE, Hermann C., *De Boeken, genaamd Het Nieuwe Testament. Nieuwe Vertaling*, S. Gravenhage, H. C. Voorhoeve, Jzn, 1877.

WARD, John P., *The eschatology of John Nelson Darby*, Londres, Royaume-Uni, thèse de Ph. D., Université de Londres, 1976.

WEREMCHUK, Max S., John Nelson Darby, Neptune, N. J., Loizeaux Brothers, 1992.

Publications Chrétiennes est une maison d'édition évangélique qui publie et diffuse des livres pour aider l'Église dans sa mission parmi les francophones. Ses livres encouragent la croissance spirituelle en Jésus-Christ, en présentant la Parole de Dieu dans toute sa richesse, ainsi qu'en démontrant la pertinence du message de l'Évangile pour notre culture contemporaine.

Nos livres sont publiés sous six différentes marques éditoriales qui nous permettent d'accomplir notre mission :

Nous tenons également un blogue qui offre des ressources gratuites dans le but d'encourager les chrétiens francophones du monde entier à approfondir leur relation avec Dieu et à rester centrés sur l'Évangile.

reveniralevangile.com

Procurez-vous nos livres en ligne ou dans la plupart des librairies chrétiennes.

pubchret.org | xl6.com | maisonbible.net | amazon

www.ingramcontent.com/pod-product-compliance
Lightning Source LLC
Chambersburg PA
CBHW071115160426
43196CB00013B/2576